KB250346

【손자와의 대화】

잘 생각하고 잘 행동하는

어린이가 될 거예요

잘 생각하고 잘 행동하는 어린이가 될 거예요! -손자와의 대화

강성위 지음 ‖ 김민정 그림 ‖
2006년 7월 20일 1판 1쇄 찍음 ‖ 2006년 7월 25일 1판 1쇄 펴냄 ‖
펴낸 곳 ‖ 도서출판 시와 진실 펴낸 이 ‖ 최두환
주소/서울시 동작구 상도 1동 557 전화 02)813-8371 · 팩스 02)813-8377
출판등록 1997년 6월 11일 제2-2389호

잘못 만들어진 책은 바꾸어 드립니다. 이 책의 무단 복제 및 전재를 금합니다.
ISBN 89-90890-14-4 03100

【손자와의 대화】

잘 생각하고 잘 행동하는
어린이가 될 거예요

강성위 지음 | 김민정 그림

시와 진실

이 책을 읽는
어린이, 청소년, 학부모님 여러분에게

　　나는 정년퇴직 이후 한가로운 나날을 보내고 있는 셈이다. 그래서 손자들을 만나 이야기하는 것이 으뜸가는 낙이다. 그리고 손자 녀석들도 나와 말하기를 매우 좋아한다. 큰 다행이다.

　　내게는 손자가 세 명 있는데 큰놈은 미국에서 나서 미국에서 자라고 있으니 만날 기회가 거의 없다. 우리 나라에 있는 두 녀석들은 오랫동안 함께 살아서 나를 잘 따르고 말할 기회도 많다. 아니 말할 기회가 많은 게 아니라 마주치면 말을 하지 않고 지내는 일이 거의 없다. 그런데 녀석들은 어찌나 물어대는지 귀찮을 정도다.

　　이 두 놈들이 어려서부터 내게 물어댄 것들을 회상해보면 정말로 묻지 않은 것이 없을 정도다. 그런데 이제 와서 생각해봐도 이 물음들은 그냥 지나쳐버리기에는 아까운 것들이 많은 것 같다. 그래서 작년에는 이 물음들의 한 부분을 묶어 **"철학이 뭐예요? – 손자와 함께 하는 철학 –"**이라는 책으로 펴낸 적이 있다. 이번에는 그때에 다루지 못한 물음들을 나름대로 추려내어 다시 한 권의 책으로 내기로 했다.

　　이렇게 물음만 제기하던 큰놈 병민은 벌써 초등학교 5학년이 되었고, 둘째 놈 병욱이는 2학년이 되었다. 지금 와서 녀석들과 이야기를 해 보면 녀석들은 내가 깜짝 놀랄 정도로 성장했다. 병민은 또래의 정도에 넘치게 책을 많이 읽었고 병욱도 모든 면에서 형에 뒤지지 않으리만큼 늘었다. 어린이들은 참 잘 자라는가 보다!

이 책에 나오는 물음들은 두 어린이가 제기했던 물음들이라 또래의 다른 어린이들도 물을만한 물음들일 것이다. 따라서 다른 어린이들도 이 책을 읽고 공감하고 동의해주었으면 좋겠다.

나는 언제나 어린이들이 암기하는 데만 치우치지 말고 스스로 생각할 수 있게 되기를 바란다.

이 책을 읽는 어린이 여러분! **스스로 생각하는 어린이가 되어, 올바른 생활을 하도록 하세요!**

2005. 08. 25
글쓴이

목   차

1. 인간은 생각하는 동물이란다.

잘 생각하는 어린이가 될 거예요.

내 손을 잡고 길을 가는 병민이는 말을 하지 않고 가만히 걷는 때가 없다. 그런데 하루는 고개를 푹 숙이고 아무 말도 하지 않고 나를 따라오기만 했다. 뜻밖의 일이라 이상한 생각이 들었다.

애, 병민아! 어찌 네가 아무 말도 하지 않고 따라오기만 하니?

심각한 얼굴을 하고 있던 녀석은

"할아버지! 방해하지 마세요, 잠깐만 참으세요!"라고 했다.

방해라니! 내가 너를 방해한다고?

묵묵부답!

한참만에 녀석은 입을 열었다.

"제가 지금 중요한 것을 생각하고 있었단 말이에요!"

그래?! 무슨 생각을 했는데?

"으-ㅇ, 어떻게 하면 제가 똑똑해질 수 있을까? 오늘은 할아버지께 무엇을 사달라고 할까? 하는 것 등을 생각했어요."

그래? 그래서 어떻게 하면 네가 똑똑해지리라고 생각했니?

"응-ㅇ, 우선 책을 많이 읽고, 모든 것을 잘 관찰하고, 주의 깊게 들으면 똑똑해지질 않겠어요? 또 공부도 열심히 하고요."

그래, 네 말이 옳다. 꼭 그렇게 해야 돼. 참 좋은 생각했구나!

"저는 앞으로 그렇게 할 거예요! 곧 잘 생각하는 어린이가 될 거예요!"

또 나에게 뭘 사 달라 하려고 생각했니?

"오늘은 아이스크림과 모형자동차를 사달라고 하기로 했어요."

그래? 그런 것은 문제없지. 당장 사주마! 자, 가게에 가자.

…… 맛있니? 먹으면서 천천히 내 물음에 대답해다오. 조금 있다가 모형자동차도 사러 가자구나. 또 다른 생각은 하시 않았니?

애늙은이는 안 좋은 거야.

"저는 어떻게 하면 제가 훌륭한 과학자가 될 수 있을까 하는 것을 생각하는 일이 자주 있어요. 오늘도 그런 생각을 조금 했어요."

그래? 넌 어떻게 하면 훌륭한 과학자가 되리라고 생각했니?

"그건 제가 더 **똑똑해지고 책을 많이 읽으면 되리라고 생각했어요.**"

옳고 좋은 생각했구나, 병민아! 너는 이만 하면 이미 매우 똑똑한 거야! 더 똑똑해지려고 생각하지마. 어린이는 그냥 **어린이답게 순진하고 착하게 자라기만 하면 되는 거란다.** 지금의 너처럼 말이야! 어린이가 너무 약아져서 어른들 눈치만 보는 그런 짓은 참으로 좋지 않은 일이지.

"어른들 눈치는 보지 않아도 된단 말씀이세요? 그러다간 야단맞기 일쑤지요, 뭐!"

물론 어른들 눈치를 봐야 할 때는 봐야겠지만 지나치게 어른들 눈치만 보지 말라는 얘기란다. 어린이가 어른들 눈치만 보고 **쌀쌀 매는 것은 좋지 않은 일이야.** 병민아, 어린이는 어린이다워야 하는 거야. 너 지나치게 **약아빠진 어린이**를 뭐라고 하는지 아니?

"모르는데요, 뭐라고 해요?"

》》애늙은이《《라고 한단다. 애가 늙은이처럼 행동하는 것은 좋지 않은 거야.

"알았습니다. 그런데 어른들의 야단을 맞지 않으면서 어린이답게 행동하기는 참 어려워요."

어려울 거야. 그러기 위해서는 먼저 깊이 **생각을 하고 행동을 해야지!** 헌데 야단맞는 걸 너무 두려워할 필요는 없단다. **야단맞는 것도 때로는 좋은 일이기도 해.** 어린이들의 좋지 않은 버릇을 고쳐주려는 것이니까 말이다.

우리 이야기가 딴 데로 흐르고 있구나. 이제 다시 과학자가 되는 길을 생각해보기로 하자. 우선 과학자가 되려면 **책만 열심히 읽는 걸로는 부족하단다.**

훌륭한 과학자가 되는 길

"그럼 어떻게 해야 돼요?"

모든 과학은 그 책을 읽은 뒤에는 **잘 생각하고 또 실험을 많이 해야 하는 거야!**

"실험이라고요?"

그래 과학을 공부하는 데는 책을 읽는 것 이상으로 실험을 많이 해야 한단다. 그리고 실험에 대해서는 〈철학이 뭐예요?〉에서도 자주 이야기했던 것 기억하지?

너희 학교에도 실험실이 있을 거야. 네가 과학 반이 아니라서 거기에 가 본 일이 없을 지도 모르지. 아니면 중학교, 고등학교에 가서 실험을 하게 될 지도 모르겠구나.

"당장 실험도 해봤으면 좋겠는데! 아, 오래 전에 엄마 실험실에 가서 현미경을 들여다본 일이 있어요, 엄마가 연구하고 계신 세포를 보았는데 아주 신기했어요!"

좋은 경험했구나! 그렇게 급하게 생각할 것 없어. 과학을 전공하는 대학에 가면 지겹도록 실험을 하게 될 거야. 그 때 가서 실험이 싫다 고나 하지 않아야 할 텐데!

"정말요? 할아버지! 대학에 가서 실험이 싫다는 말 절대로 하지 않을 거

예요"

제발 그랬으면 얼마나 좋겠니.

"에디슨처럼 잠도 잘 안자고 실험을 할 거예요, 그러니 그런 생각이나 걱정은 조금도 하지 마세요!"

생각이란 머릿속에서 자기에게 말을 하는 거예요.

그런데 병민아, 네가 방금 여러 번 생각을 했다고 말했지? 생각은 어 떻게 하는 거야?

"할아버지는 철학자시니까 잘 알고 계시잖아요!"

물론 알고 있다만 네가 어떻게 알고 있는 지가 궁금하구나.

"생각은 남들과 말을 하는 것이 아니지요? 자기 혼자서 자기에게 이 야기를 하는 거예요! 그래서 할아버지께선 제가 무슨 생각을 했는지 모르 시죠,"

네가 네 자신에게 말을 한다고? 참 재미있구나! 무슨 말을 했는데? 네가 생각하는 것을 예를 들어 한 번 더 말해줄 수 있겠니?

"음.. 한 가지 예를 들어 드릴 게요, '너는 지나치게 한 가지 일에만 몰두 하니까 좋지 않아, 그러니 병민아! 하루속히 고치도록 노력해야해, 그리고 네 가 하고 싶지 않은 일이라도 좋은 일이라면 억지로라도 해야 하는 거야!' 이 렇게 저 자신을 타이를 때도 있어요,"

그래! 네 말이 참으로 재미있고 훌륭하구나. 그리고 뜻도 깊구나. 네 가 한 이 말에 대해 내가 할 이야기가 참 많단다. 그런 것을 내가 가르쳐

주려고 생각하고 있었는데 네가 이미 알고 있구나! **생각에 관해 네가 알고 있는 것을** 내게 **좀 더 잘** 말해줄 수 있겠니?!

"할아버지는 알고 계시면서 왜 자꾸 저에게 말을 해달라고 하세요?"

네가 말하는 것이 좋고 재미있어서 그런다. 원래 교육이란 **거듭해서** 말을 하고 생각을 하는 거야. 되풀이하면 되풀이할수록 확실하게 알게 되는 거지. 자꾸 물어서 미안하지만, **되풀이하는 것이 교육**이라 생각하고, 네가 아는 것을 그냥 말해 주면 돼!

"그러니까, 생각한다는 것은 앞에서도 말했지만 자기에게 말을 하는 거예요! 즉 제 머릿속에서 제가 저에게 말을 하는 것, 곧 자기 자신과 이야기하는 거예요!"

애, 병민아! 네가 그런 것을 이렇게 정확하게 알고 있단 말이냐? 할아버지가 너한테서 배워야 하겠다. 이 이상은 생각에 관한 이야기는 묻지 않아도 되겠는걸!

생각하는 어린이가 똑똑한 어린이야!

"제가 그렇게 좋은 대답을 했나요? 저는 언제나 시간만 있으면 머릿속으로 제 자신에게 말을 걸어요, 때로는 바이올린 악보를 생각하며 마음속으로 그 음을 읽고 듣기도 하고요."

참 재미있구나! 네가 이렇게 똑똑하게 대답을 하니 더 안 물어볼 수가 없구나. 미안하지만 네가 하는 생각들에 대해 좀 더 알고 싶구나.

"또 한 가지 말씀드릴게요, 오늘은 수학숙제가 구구셈인데, '병민아! 너

14 잘 생각하는 어린이가 될 거예요!

열심히 해서 수학의 도사가 돼야지! 이따가 할아버지한테 아이스크림과 딱지를 사 달래야겠다. 그러면 엄마가 야단치시지 않으실까? 내가 야단을 맞으면 할아버지께서 엄마를 야단치시겠지! 병민아, 걱정 말고 할아버지 마음만 잘 붙잡아!' 이렇게 말이에요."

병민아! 내가 정말 깜짝 놀라겠다. 우리 병민이가 참 잘 알고 있구나! **생각을 잘하는 사람이 똑똑한 거야.** 보통 사람은 물론 철학자도 대답하기가 곤란한 문제인데 네가 **모범적으로 대답을 했어.** 너의 대답은 나에게는 너무 놀라운 말이야. 내가 할 말이 없어지고 말았구나.

이제 네가 생각에 관해 한 말을 요약해보기로 하자. 네 말대로라면 **'생각이란 자기 머릿속 또는 마음속에서 자기와 혼잣말을 하는 것'**이로구나. 그래 좋아! **'생각이란 마음속에서 하는 혼잣말이다.'** 내가 너한테서 참 좋은 것 배웠다. **'끝은 백 살이라도 어린이에게서 배울 것이 있다'**고 한 우리 속담이 옳은 말이로구나.

머릿속에서 남들과도 이야기할 수 있지 않을까?

너는 생각을 머릿속에서 네 자신과 말을 하는 것이라니 했는데, 그렇다면 머릿속에서 **남들, 곧 네 친구나 선생님이나 부모님과도 말을 할 수 있지 않겠니?** 그렇게 한 적은 없었니?

"아! 그렇게 하는 일도 자주 있지요. 특히 저는 할아버지나 혹은 선생님과 **마음속에서 대화하는 일**이 자주 있어요."

마음속에서 선생님과 무슨 말을 한단 말이야?

　"<선생님 저도 그런 문제는 풀 수 있어요>, 또는 <선생님, 다음에는 제가 설명을 할게요!>라고 말이에요."

　엄마하고는 마음속에서 무슨 말을 해봤니?

　"제가 잘못한 일이 있어 야단을 맞았을 때, <엄마! 저는 아직 어리기 때문에 가끔은 잘못도 할 수 있잖아요? 앞으로는 그르지 않을 테니 이번에는 용서해주세요>라고 말했어요."

　그래, 너는 이렇게 너 자신만이 아닌 **남들과도** 참으로 좋은 **말 나누기**를 하고 있구나. 그러니 앞에서 내린 생각에 관한 정의를 보충해야겠다. '**머릿속에서 나 자신은 물론 남들과도 말 나누기를 하는 것**'이라고 말이다.

　앞으로 커서도 **언제나 생각을 하는 거야!** 알았지? 이렇게 하면 재미도 있겠지! 한 번 더 강조해서 말하자면 생각이란 (**머릿속에서 자기 자신과 남들과도 말을 나누는 것**)이고, 이렇게 생각을 하기 때문에 인간을 **생각하는 동물**이라고도 한단다.

2. 인간은 말을 하고 글을 쓰는 동물이란다.

생각한 것이 입 밖으로 나타나거나 글로 씌어졌을 때 말이 된단다.

그런데 말이라는 것이 머릿속이나 마음속에 있을 때는 말이라고 하기가 좀 곤란한 것 같지 않니? 왜냐하면 말이란 입 밖으로 드러나야 하는 법이니까. **소리나 글로서** 말이야.

"그럼 제가 머릿속에서 생각한 것을 입 밖으로 내놓으면 되겠네요? 그러면 생각이 말이 되지 않겠어요! 글로 써도 되고요."

결국 생각한 것이 입 밖으로 나오면 말이고, 그냥 **머릿속에 들어있으면** 말이 아니라 그냥 **생각**이라는 거지?

그래, 너는 생각을 많이 하기 때문에 기회만 주어지면 말도 많이 하지. 그건 당연한 거야. 그런데 너에게는 약간의 문제가 있단다. 그게 뭔지 알겠니?

"저는 모르겠는데요, 할아버지께서 알려주세요!"

너는 생각은 많이 하면서도 **보통 때**는 말을 잘 하지 않는다는 거야.

"아니에요, 저는 말을 잘 해요!"

너는 말을 하되 네가 좋아하는 것에 대해서만 말을 해. 그래서 말을 많이 하는 셈이지만 우리가 묻지 않으면 말을 잘 하지 않는 편이야. 물어도 대답을 잘 하지 않는 경우가 더 많잖니.

"그랬나요? 그러면 앞으로는 말을 잘 하도록 **애쓰겠습니다.**"

그래야지! 앞으로 두고 보자. 그런데 그것과는 별도로 네가 조금 더 신경을 써야하는 부분은 바로 글쓰기란다. 넌 **글로 쓰는 걸 별로 좋아하지 않더구나.**

생각한 것은 글로 써야 보람이 있단다.

"생각한 것은 **글로 써라!** 이 말씀이시군요?"

그래, **생각을 하는 것은 말을 하고 글을 쓰기 위해서란다!** 생각은 많이 하면서 글로 써두지 않으면 곧 잊혀져버리기 십상이야. 그렇다면 열심히 생각한 보람이 없어지지 않겠니?

"할아버지! 저 요즘은 글도 많이 쓰고 있잖아요! 매일매일 일기를 쓰고 있으니 말이예요!"

그래, 그런 것은 내가 알고 있단다. 참 잘 하는 일이다만, 너무 억지로 쓰는 것이 문제야! 엄마가 쓰라고 하지 않으면 쓰지 않잖아? 그리고 **마음에 없이 아무렇게나 쓰고!**

"엄마는 그렇게 한다고 야단을 치시지만, 사실 제가 매일같이 하는 일은 거의 같잖아요, 그래서 쓸 것이 별로 없어요."

네 말이 옳다. 나도 매일 같이 일기를 쓰는데, 그 날에 한 일만 쓰다 보면 몇 줄 되지 않아. 그래서 그 날에 **느낀 것**이나, **나라의 앞날** 같은 것에 관해서도 **쓴단다.** 특히 네가 앞으로 어떻게 자랄 것인가에 관한 것을 가장 많이 쓴단다.

"저도 그렇게 여러 가지 것들을 **글로 쓰도록 하겠습니다.**"

당연히 그렇게 해야지. 요즘 우리나라의 대학입학시험에는 **논술**이라는 과목이 있는데 이것이 큰 문제로 되고 있단다. 알고 있니?

"아직 잘 몰라요."

그럴 거야. 이 논술시험이란 수험생들에게 글을 쓰게 하는 시험인데, 수험생들이 이것을 살 못해 과외수업을 하느라 야단법석이야. 그런데 너처럼 어려서부터 글쓰기를 부지런히 하면 **논술은 문제가 되지 않을 거야.**

"잘 알았습니다, 글쓰기를 하는 것은 미리 **대학입학시험을 준비하는 것**이 되겠군요, 열심히 글을 써서 대학입학시험을 살 치르도록 하겠습니다, 할아버지 잘 가르쳐 주셔서 고맙습니다."

20 잘 생각하는 어린이가 될 거예요!

요즘은 소설 하나 쓰고 있어요.

"그런데 할아버지, 제가 요즘 소설을 하나 쓰고 있는 것 아세요?"

아니, 소설이라니? 네가 소설을 쓴다고? 무슨 소설인데?

"〈벽화의 미스터리〉라는 탐정소설이예요. 벌써 제2장까지 썼어요."

기대되는데. 좋은 소설이 되면 참 좋겠구나.

"물론이지요. 생각도 많이 하고 글도 많이 쓰고!"

정말로 너에게는 일석이조가 되겠다. 생각도 하고 글도 쓰니 말이다. 너는 언제나 일석이조를 하려는구나. 가능하다면 그러는 게 좋지.

그러고 보니 네 아빠가 고등학교 3학년 때, 그 바쁜 때에 중. 단편 소설을 20편 이상이나 쓴 것 알고 있니?

"몰랐어요. 정말로 그렇게 많은 소설들을 쓰셨어요? 아빠가 말씀을 안 해주시니 알 수가 없지요. 하지만 출판은 하지 않았지요?"

그래, 출판은 하지 않았지만 아직도 아빠가 가지고 있을 걸. 앞으로 네가 조금 더 자라거든 보여 달라고 해보렴.

글을 쓰는 여러 가지 형식들

"나중에 꼭 읽어봐야겠어요. 그런데, 할아버지! 글을 쓰는 데는 여러 가지 형식들이 있지요?"

그래, 네 말저럼 글을 쓰는 데는 여러 형식들이 있단다. 네가 쓰고 있는 소설과 시(詩) 같은 것들은 문학이라고 한단다. 알고 있지?

"그밖에 다른 형식은 없나요?"

왜 없어, 그 수를 헤아릴 수 없을 정도로 많은 형식들이 있단다. 문학에 속하는 소설만 하더라도 네가 쓰고 있는 추리소설(탐정소설), 공상과학소설, 연애소설 등등 수도 없이 많지.

"저는 앞으로 과학자가 될 거지만 문학에도 관심을 가질 거예요."

잘 생각했다. 너의 결점인 외곬에서 벗어나기도 하겠구나. 큰 다행이야.

생활을 글로 써 놓으면 역사가 된단다.

"저는 요즘은 여러 가지 형식의 글을 쓰려고 애쓰고 있어요."

기특하구나. 앞으로 꾸준하게 노력해 보거라. 그런데, 병민아! 네가 너의 생활을 글로 써 놓으면 무엇이 되겠니?

"그거야 제 일기지요. 일기도 문학인가요?"

일기도 문학의 일종이라 할 수 있지. 아울러 일기는 네 개인에 대한 역사가 되는 거야. 역사란 말 들어봤지?

"그럼요. 조선왕조의 역사도 읽었는걸요."

네가 벌써 왕조 사를 읽었단 말이냐?

"어린이들이 읽을 수 있도록 만든 역사책도 많잖아요."

그래, 왕조의 역사는 왕조의 일기야. 그리고 사람들(특히 역사학자들)이 국가의 일을 글로 기록해 놓으면 나라의 역사 곧 국사가 되는 거지.

"아하, 역사란 생각이나 생활을 글로 써 놓은 것이군요! 개인의 생활을 써 놓으면 개인의 역사가 되고 나라 일을 써 놓으면 국사가 되고!"

그래서 인간을 **역사적인 동물**이라고도 한단다. 이것이 동물과 사람의 큰 차이점 중의 하나이지.

"사람들 중에도 글이 없어 역사를 기록하지 못하는 민족들도 있다고 하던데요!"

그런 것을 어떻게 알았니?

"어느 책에서 읽었어요."

그래, 실제로 글자가 없고, 따라서 역사를 기록하지 못한 민족들도 있단다. **인류학**이라는 학문은 이런 역사가 없는 민족들을 연구한단다. 때로는 우리 인간들에게 글자가 없었던 때의 생활을 알아내는 일도 하지. 여하튼 글자가 있어 역사가 있다는 것은 매우 다행한 일이야.

우리나라의 역사는 얼마나 되는지 알고 있지?

"반만년이지요! 5천년 말이에요, 그런 것을 모르는 우리나라 사람이 어디 있겠어요?"

그랬으면 좋겠구나. 그래! 우리 민족은 반만년의 역사를 지닌 문화민족이란다. 이것은 우리 민족 전체의 커다란 자랑이란다. **글을 열심히 써서 우선은 너의 역사를 잘 만들어 나아가거라!**

"잘 알았습니다. 앞으로는 글을 잘 쓰려고 노력하겠습니다. 할아버지! 이제 **말에 대해** 이야기해주시겠어요?!"

3. 말이란 사람이 생각을 하고 의사를 전달하는 수단이란다.

말이란 생각과 의사전달의 수단이란다.

그래? 네가 이미 매우 잘 알고 있는데! 네가 머릿속에서 한 말도 틀림없이 말이야. 이제 말에 관한 이야기를 조금 더 하기로 하자. 원래 인간은 앞에서도 말했듯이 **말을 하는 동물**이야!

"그럼 사람만 말을 하나요?"

물론 다른 동물들이나 곤충들도 소리나 몸짓 등으로 의사를 전달하는 수단은 있다고들 알려져 있어. 하지만 사람의 말처럼 발달해 있지를 못할 거야. 물론 글은 없고! 동물에게는 글이 없으니 또 무엇이 없겠니?

"그야, 역사가 없겠지요! 이렇게 아는 것은 이미 <철학이 뭐예요?>의 추리에서 배웠잖아요!"

아! 너 참 기억력이 좋구나. 그것을 잘 기억하고 있었구나!

인간은 이 **말로써 생각도 하고 자기의 생각(곧 의견)을 남에게 전달하기도 한단다.** 그런데 인간은 방금 네가 말한 것처럼 우선 생각하고, 머릿속이나 마음속으로 말을 하거나 혹은 입 밖으로도 하기도 하지. 이렇게 자기 자신에게 하는 말을 우리는 **'혼잣말'** 또는 **'독백'**이라고 해.

말은 대개 대화 곧 말 나누기로 된단다.

"그런데 우리는 혼자서 말을 하기보다 남들과 이야기하는 일이 더 많지요!"

그래. 그런데 너는 아무래도 너 혼자서 말을 하는 일이 많은 것 같아. 원래 우리는 자기 자신하고 이야기하기보다는 남들하고 하는 경우가 더 많을 거야. 그래서 '말을 한다'고 할 땐 보통 남과 말하는 것을 먼저 떠올리게 되지. 또 사실이 그렇지 않니? 말은 원래 자기의 의사를 **남에게 전달하기 위한 수단**이니까 말이다.

그래서 보통 말을 할 때는 **대화**로 되는 거야! 그런데 요즘 내가 내 제자 철학박사한테서 참 좋은 말을 배웠단다. 이미 앞에서 여러 번 썼지만, 대화라는 말 대신에 순수한 우리말로 **〈말 나누기〉**라고 하더구나. 참 좋은 말을 찾아낸 것 같아 내 마음이 흡족하단다. 앞으로는 **말 나누기**라는 말을 자주 쓰자구나! '대화' 보다는 '말 나누기'가 더 좋은 말인 것 같다.

"말 나누기라는 말 참 좋아요, 저도 쉽게 이해할 수 있는걸요."

그래? 그럼 네가 한번 설명해보렴!

"제가 할아버지께 오늘 학교에서 있었던 일을 말하고, 할아버지께서 제 말을 듣고 잘했다고 답하는 것은 바로 할아버지와 제가 **말을 나누는 것**이지요. 그리고 동생하고나 친구들과 이야기하는 것도 말을 나누는 것이고요, 대화라고 하기보다 훨씬 알아듣기 쉽고 좋은 것 같아요! 남하고 말을 하는 것이 바로 **말을 나누는 것**이지요!"

네가 참 잘 알아들었구나! 그런데 여기서 조심해야 할 일이 여럿 있단다.

"그게 뭐예요?"

우선 〈말 나누기〉라고 했으니, 말을 **서로 주고받아야지**, 자기 혼자서만 말을 하고 **남에게는 말할 기회를 주지 않으면** 어떻게 되겠니?

"그건 **혼잣말**이에요, **대화** 곧 **말 나누기**가 아니지요."

네가 정말로 잘 알아들어서 다행이다. 그렇지만 가만히 보면 너는 남과 말을 나누기보다 혼자서 말을 하는 경우가 많아. 앞으로는 **남도 말할 기회를 충분히 주도록 하렴.**

"알겠습니다. 앞으로는 저만 말하지 않고 **남에게 말할 기회를 줄게요!**"

꼭 그렇게 해야 한다!

저 혼자서 말할 수밖에 없는 때도 있어요.

"그런데 할아버지, 제가 혼자서 이야기할 땐 대개 남들이 잘 모르는 것들에 관해서 말할 때에요. 그러니 저 혼자서 말을 할 수 밖에 없어요."

어떤 때 그렇다는 거니?

"할아버지께서 태양계에 관해 저에게 물으셨을 땐 제가 혼자서 설명해 드릴 수밖에 없었잖아요. 사실 저처럼 잘 알지 못하면 잘 설명할 수 없는 문제거든요."

이 녀석, 큰소리는! 그래, 내가 너에게 태양계에 관해 물었을 땐 너 혼자서 말할 수밖에 없었다. 그것은 인정한다. 그리고 내가 참 잘 알아들었다.

"그러니까 저 혼자서만 말을 한다고 하시는 것은 할아버지의 잘못이에요. 저도 남들과 함께 해야 할 말은 **남들과 더불어서 해요.**"

물론 그렇게 하겠지. 그리고 또 그렇게 해야만 하고! 그런데 병민아, 너는 학교에서 말을 나눌 친구들이 많니?

"그다지 많지는 않지만 몇 명은 있어요."

그럼 그 친구들과 말을 할 때는 너도 말을 하고 친구들도 말을 하도록 해주어야 하는 거야, 알았니? **말 나누기**를 하란 말이다.

학교 수업도 말나누기식으로 진행되어야 하는 거야

"미국 학교에서는 선생님만 말씀을 하시기보다 학생들에게 말을 많이 시켜요. 그런데 우리나라에서는 학생들보다 선생님이 말을 훨씬 많이 하세요."

그럴 거야. 그것이 우리나라 교육의 잘못들 중의 하나야. 미국 학교에서는 어떻게 했는지 예를 들어 설명해줄 수 있겠니?

"학생들이 미리 공부를 해 와서 발표를 하게 하고 선생님은 맨 나중에 몇 말씀하시면 그만이에요, 한 시간 내내 선생님만 말씀하시는 경우는 거의 없어요."

우리나라 학교들도 그래야 할 텐데, 그렇지가 못해서 걱정이란다. 보통 학생들은 학교에서는 소위 **꿔다 놓은 보리자루**야.

"꿔다 놓은 보리자루란 무슨 뜻인가요?"

우리나라 속담인데, 아무런 움직임도 없이 가만히 앉아 있기만 한다는 뜻이야. 즉 학생이 보리자루처럼 가만히 앉아있기만 한다는 뜻이란다. 그런데 이런 일은 학년이, 그리고 학교가 높아질수록 심해진단다.

"얼마나 심하기에 하시는 말씀이세요?"

초등학교는 그래도 괜찮은 편인데, 중학교에 가면 학생들은 3년 내내 학교에서 정말로 말을 한 마디도 하지 않고 졸업할 수 있을 정두야.

"그러니까 선생님만 말씀하신다는 건가요?"

그래, 네가 중학교에 가보면 당장 알 수 있을 거야. 초등학교에서는 아직 학생들이 말을 할 기회가 주어지고 있을 거야. 너희 반에서도 그렇지?

기회가 주어지면 말을 해야 하는 거야.

"예, 많지는 않지만 말할 기회가 가끔 있어요. 그런데 저는 반에서 말하는 것을 좋아하지 않아요."

기회가 주어져도 말을 하지 않는 것은 좋지 않은 일인데! 선생님이 물으시는데도 대답을 하지 않지는 않겠지? 그건 좋은 태도가 아니야.

"아까 우리나라 교육의 잘못이 **말 나누기를 하지 않는 것**이라고 하셨는데, 또 다른 나쁜 점은 없나요?"

좋은 질문했다. 그밖에도 여러 가지가 있지만 여기서는 우리나라 교육의 제일 잘못된 점은 바로 **말을 나누지 않는 것**이라고만 해두자.

학교의 잘못된 교육이 사회에 나가서도 이어진단다.

"그런 것이 어떤 나쁜 점을 가져오나요?"

학생들은 말을 하지 않고 선생님 혼자서만 말을 하시니 학생들이 **말 나누기를 하는 방법을 배우지 못하고 또 그런 훈련도 쌓지 못하고 마는 거야.** 학교교육이 이러하니 어른이 되고나서도 남들과 말을 나누지 않고 혼자서만 떠들게 되는 거지.

"그런 보기를 들어주실 수 있으시겠어요?!"

예를 들면, TV같은 데서 토론 프로그램을 자주 하잖니? 그런데 토론을 하는 사람들이 **남이 하는 말은 잘 듣질 않고 그냥 자기주장만 내세우는 것을 자주 볼 수 있지?**

"저는 아직 TV토론 같은 것은 잘 보지 않지만 할아버지 말씀이 옳을 것 같아요."

그보다 더 심각한 문제들도 있단다.

말을 나누라고 뽑아준 국민들의 대표자들이 말을 나누기는커녕 말싸움만 하고 있지 않으냐?

"어떤 문제이기에 그렇게도 심각해요?"

우선 우리의 대표자들인 국회의원들이 국회에서 하는 짓들을 보면 문제가 매우 심각하다는 것을 잘 알 수 있단다. 국회는 원래 나라 일을 의논하는 곳이야. 즉 **나라의 살림살이와 발전에 관한 말을 나누는 곳**이지.

"아하! 그래서 국회를 **대화의 광장**이라고 하는 군요?"

그렇단다. 우리가 하는 순수한 한국말로는 **〈말 나누기의 마당〉**이라고 하면 좋을 거야.

"그런데 국회에 어떤 문제가 있는지 구체적으로 말씀해주세요!"

다른 게 아니라, 말 나누기를 해야 하는 국회에서 말 나누기를 잘 못한다는 거야. 곧 몇몇 입심 좋은 의원들이 자기 당의 의견만 일방적으로 마구 떠들어 대고 남의 당 말에는 귀도 기울이지 않아. 그러다가 심지어는 몸싸움까지 하는 일이 자주 있으니 말이다. 이런 것이 젊은 사람들에게도 나쁜 영향을 끼치게 되지 않겠니?!

"어떤 나쁜 영향 말이예요?"

젊은 사람들도 **남의 말을 귀기울여 들으려 하지 않고 자기주장만 하게 되는 그런 나쁜 영향** 말이야. 곧 말 나누기를 잘 하지 못한다는 말이야.

"그래서 **〈우리나라 사람들은 어른이 되어서도 말 나누기를 잘 못한다〉**, 이 말씀이세요?"

잘 알아들었구나. 나는 그래도 남들과 말을 나눌 수 있는데, 내 친구들 중에도 그렇지를 못한 사람들이 가끔 있어. 자기주장만 하고 남들이 인정해주시 않으면 화를 내는 그런 사람들이 있단 말이야.

어른들은 말 나누기를 하려 하지 않아요.

"그런 사람들이 매우 많을 것 같아요. 저의 아빠도 혼자서만 말씀하시고 저희 말은 들으려 하시지 않아요."

그래!? 그럴 때 너는 어떻게 하니?

"저는 좋게 말씀드리려고 해도 아빠가 화를 내시니 제가 지고 말아요! 사실 아빠가 무섭기도 하고 저도 속이 상하고요."

어른들은 대개 어린이들에게 그렇게 하려고 들 하는데 매우 잘못된 일이야. **어린이들의 말도 들어주고 함께 말 나누기를 해야 하는 건데 말이다.** 특히 우리나라에서는 네 아빠뿐만 아니라 높은 위치에 있는 사람일수록 혼자서 떠들고 아랫사람들에게는 말할 기회를 주지 않는 경우가 많아 걱정이란다.

"그렇게 혼자서 아랫사람에게 말하는 것은 말 나누기가 아니라 **명령**이에요! 명령!"

네가 잘 이해하고 있구나. 요즘 민주화된 우리나라에서 요구되는 것은 명령이 아니라 **서로 말을 나누는 것**이야. 말을 나눔으로서 서로를 이해하게 되는 건데 말이다. 앞에서 말한 우리 국회의 잘못도 바로 말 나누기를 하지 않는 것 아니었니?

학교수업도 말나누기식으로 할 수 있단다.

"그런데 학교 수업은 말 나누기론 할 수 없잖아요?!"

그렇지 않지. 학교 수업도 말 나누기를 할 수 있단다. 실제로 그렇게 해야 하는 거야. 네가 다니던 미국 학교에서는 말 나누기식 수업을 하지 않았었니.

"할아버지는 오랫동안 선생님을 하셨으니, 말나누기식 수업의 예를 들어 설명해주세요!"

그렇게 하자구나. 네가 이미 미국 학교에서 배운 거야.

"미국 학교의 수업시간은 재미있었어요."

미국 학교에서는 우선 학생들이 오늘 배울 것을 집에서 열심히 공부하여 잘 알고 있어야 했지? 가령 〈학교가 무엇이냐?〉라는 문제가 있다면, 그냥 선생님 혼자서 설명하고 마는 것이 아니라, 준비해온 학생들의 생각을 다 들어보고, 학생들의 말을 모두 합하면 좋은 답이 나오지 않겠니?

"그래도 좋은 답이 안 나오면 선생님이 보충설명을 해주셨어요."

그래, 바로 그런 거란다. 학생들을 〈꿔다 놓은 보리자루〉 취급을 해서는 안 되는 거야.

"그러니까 수업도 말 나누기식으로 해야 한다는 말씀이시군요! 명령만 내리는 선생님은 독재자지요?"

그렇단다. 하지만 명령을 내리고 나서 아랫사람들(학생들)의 의견을 잘 받아들이면 괜찮은 기야! 명령만 내리고 **아랫사람들의 옳은 말도 받아들이지 않고 자기의 명령만 강요하는 사람이 독재자야.** 옛날의 왕들은 대개 다 독재자였단다. 물론 훌륭한 왕들도 있었지만. 그러나 그런 왕은 매우 드물었어!

4. 말은 사람들뿐만 아니라, 하느님과도 나눠야 한단다.

기도란 하느님과 말을 나누는 것이란다.

지금까지 자기 자신이나 다른 **사람**들과 말을 나누는 것에 대해서만 이야기했지? 그런데 이렇게 자기나 다른 **사람**들과 말을 나누는 것보다 훨씬 더 중요한 말 나누기가 있단다.

"어떤 말 나누기 말씀이세요? 자세하게 말씀해주세요!"

그것은 **하느님과의 말 나누기**란다. 우리가 자주 하고 있는 **기도란 곧 하느님과 말을 나누는 것**이란다.

"그렇게 설명해주시니 기도가 무엇인지를 알겠어요, 기도는 하느님과 말 나누기를 하는 거다! 참 잘 알겠어요!"

그래 다행이구나, 네가 전에 다니던 사립학교는 기독교 학교라서 기도시간이 있었지? 너희들은 눈을 감고 있고, 목사님이나 선생님이 하느님께 말씀을 했지? 그 때 들은 기도 아직도 생각나는 것 있니?

"〈하느님 아버지! 우리 반 어린이들이 튼튼하고 착한 어린이가 되도록 도와주소서, 예수 그리스도의 이름으로 간절히 기도하나이다〉, 이런 것이 생각나요!"

그래, **바로 그런 것이 기도여!** 목사님이나 선생님만 하느님과 말씀을 나눌 수 있는 것이 아니라 너희들도 자발적으로 하느님과 말씀을 나눌 수 있는 거야!

기도란 어려운 것이 아니야.

"그래요? 그럼 저도 앞으로 자주 기도드릴래요, 제가 바라는 것을 하느님께 말씀드리면 하느님이 들어주실 거예요!"

그래, 좋은 생각이다. 네가 진심으로 하느님께 말씀드리면 꼭 들어주실 거야. 우리가 온갖 성성을 다하여 하느님께 말씀드리면 하느님께서는 반드시 들어주신단다.

"**정성을 다하여**(몸과 마음을 다하여) 기도 드리라는 말씀이시죠?"

그래, 네가 잘 알아들었다. 헌데 흔히 볼 수 있는 일이지만 눈을 감고 **"기도"**를 하고 있는 사람들이 모두 훌륭한 기도를 하고 있는지는 의심스러워!

"그게 무슨 말씀이세요?"

그 사람이 정말로 **하느님과 말을 나누고 있는지 겉으로 봐서는 알 수가 없기 때문이야.** 나는 그런 일이 자주 있단다. 남들이 보기에는 기도를 하고 있는 것처럼 보일는지 모르지만 하느님과 말을 나누지 못하고 그냥 멍하게 앉아 있는 때가 자주 있으니까 말이야!

"기도를 할 때 하느님과 무슨 말을 나눠야 하나요?"

네가 전에 다니던 학교에서 기도를 많이 했다고 했잖니?

"그때는 귀 기울여 듣지 않았었어요, 할아버지께서 기도의 보기를 보여주세요!"

그러자구나. 기도라고 하면 우선 어려운 일이라고 생각하는 사람들이 많아. 사실은 **하느님께 감사드리기만 하면 되는 건데 말이야!** 40년 전에 내가 독일에서 공부할 때, "단케!"(danke! 고맙습니다!)라는 기도의 노래가 크게 유행했었어. 나는 이때 나름대로 기도의 참뜻과 방법을 배웠단다.

"어떤 기도인지 말씀해주세요!"

그러자구나. "하느님, 오늘 좋은 날씨를 주셔서 감사합니다. 하늘에 해가 나서 감사합니다!"하는 그런 노래였단다. 그러니 이 세상 **모든 일에 대해 하느님께 감사하는 거야.** 사실 기도란 바로 이렇게 모든 일을 하느님께 감사드리는 거란다.

너도 한 번 이렇게 기도를 해 보려무나.

"어려운데요."

어려울 것 없어, 네가 한 모든 일이나, 자연에 관한 것을 깨달아 하느님께 감사드리면 되는 거야! 네가 몇 가지만 해보려무나.

"하느님, 우리 가족이 다 무사해서 감사합니다, 오늘 학교에 잘 다녀와서 감사합니다, 이 가뭄에 비를 내려 주셔서 감사합니다."

그래, 참으로 훌륭해! 그러면 되는 거야. 그러니 네가 하고, 보고, 들은 모든 일을 하느님께 감사하면 되는 거야. 너는 특히 감사해야 할 일이 한 가지 더 있을 거야! 그걸 한번 생각해보렴.

"응, 응, ... 똑똑한 동생을 주셔서 감사합니다, 동생과 재미있게 놀게 해 주셔서 감사합니다."

그래 됐어, 앞으로는 일기를 쓸 때에도, 그날 하루에 하느님께서 너에게 베풀어주신 모든 은총을 다 기록하고 감사하다고 말씀드리도록 해라.

"꼭 기쁘고 좋은 일만 감사해야 하나요?"

꼭 그런 것만은 아니야. 슬펐던 일도 하느님께 감사드리는 거야. 예컨대 '하느님, 오늘 자전거를 타다가 넘어져서 다리를 조금 다쳤습니다. 하느님 덕택으로 많이 다치지 않아서 감사합니다', '하느님! 오늘 공부시간에 알아듣지 못한 게 있었습니다. 앞으로는 이런 일이 없도록 정신 차리고 공부하겠습니다. 하느님 저를 도와주소서. 하느님 은총에 감사드립니다' 이런 기도는 너에게 꼭 맞는 기도일 거야!

"예, 잘 알았습니다, 이런 것을 쓰면 매일 같이 일기장에 쓸 것이 매우 많겠어요!"

 잘 생각하는 어린이가 될 거예요!

　　진정한 말 나누기(대화)는 **하느님과 말을 나누는 것**이란다. 모든 것을 하느님께 말씀드리고, 좋지 않은 일도 다 말씀드려야 해! 하느님은 우리 인간들의 **잘못을 다 용서해주신단다.** 그래서 **"용서의 하느님"**이라고 말하지 않느냐?! 네가 진심으로 기도 드리면 하느님께서도 반드시 말씀을 해주실 거야!

5. 말 나누기를 하는 데는 마음써야할 일들이 있단다.

말을 나눌 때는 그 사람을 바라보며 그의 말을 귀 기울여 들어야 하는 거야!

남들과 말을 나눌 때 마음 써야 할 일이 많이 있어. 먼저 **상대방을 바라보고, 그의 말을 귀 기울여 끝까지 잘 들어야 하는 거**야. 남의 말을 잘 알아들어야 너도 거기에 적절하게 대답을 할 것 아니냐. 그래야 말 나누기가 되는 거야!

"그렇지 않으면 말 나누기가 안 되는 거지요? 말이 겉돌게 되는 거지요?"

그렇단다. 상대편이 비행기 이야기를 하는데 너는 야생동물이야기를 한다면 말 나누기가 안 되는 거지? 이런 것을 사자성어로 **"동문서답(東問西答)"**이라고 한단다.

"동문서답을 더 잘 설명해주세요!"

직접적으로 해석하자면, 동쪽에 있는 것을 묻는데 서쪽에 있는 것을 대답한다는 뜻이야! 곧 엉뚱한 말 나누기를 한다는 거야.

"잘 알아들었습니다, 말이 겉돈다는 뜻이로군요."

이런 말 나누기는 필요 없으며, 또 해서도 안 되는 거야! 그리고 말 나누기가 아니야!

"그러니 말 나누기의 핵심을 벗어나서는 안 된다는 말씀이시죠?"

그래! 잘 알아들었구나.

말을 나눌 때는 확실하고 분명하게 말을 해야 한단다

이제 말을 나눌 때 지기의 태도를 생각해보기로 하지. 우선 상대편을 잘 바라보고, 자기의 의견은 확실하고 똑똑하게 말해야 하는 거야. 남이 알아듣지 못하게 **어물어물** 말하는 것은 말을 나누려는 태도가 아니야.

"할아버지! 저는 남들과 말을 많이 하지 않지만, 말을 할 때는 분명하게 말하잖아요!?"

그래, 너는 어린이로서는 매우 침착하고 조용하게 말을 잘 하는 편이야. 다만 남이 말을 거는데도 당장 대답을 하지 않는 것이 탈이야.

"제가 다른 일에 열중해 있는데 난데없이 말을 거니 잘 알아들을 수가 없잖아요."

그럴 수도 있겠지. 하지만 알아들었으면 빨리 대답을 해야 하는 거야.

"그리고 엄마는 저에게 남에게 말을 걸지 않는다고 야단을 쳐요. 남에게 말을 먼저 거는 것이 좋은 일이예요?"

필요 없는 말을 먼저 걸 필요는 없겠지. 너 미국에 있는 동안에 잘 배웠잖아? 길거리에서나, 공원에서나 또 학교에서나 누구를 만나던지 눈길이 맞닿으면 서로 말을 걸잖니.

미국사람들은 어떻게 말을 걸지?

"〈하이!〉라고 하며 아는 체해요!"

바로 그거야! 너를 아는 사람만 그러더냐? 모르는 사람도 마주치면 〈하이!〉라고 하지!? 너도 미국에서는 그랬을 거야. 그러니 너는 우리나라에서도 사람들과 마주치면 〈안녕하세요?〉라고 먼저 인사하면 좋지 않겠니? 친구에게는 〈안녕!〉이라고만 해도 되겠지!

"예! 저도 그렇게 하겠습니다. 집을 나설 때 수위 아저씨보고 꼭 인사해요."

그러면 수위 아저씨도 반가워하지? 아는 체 하는 것이 얼마나 좋은 일이냐? 이런 것이 말 나누기를 하는 첫걸음이야. 알겠지?

"예, 알겠습니다."

말을 나눌 때 남의 생각이 옳으면 옳다고 인정해줘야 한단다.

말을 나눌 때 중요한 게 또 있어. 참으로 중요한 거야.

"그게 뭐예요?"

남의 말을 잘 듣고 자기의 생각과 달라도, 옳다고 생각되면 당장, 남의 말이 옳다는 것을 인정해주는 거야!

"당연히 그렇게 해야 하지 않겠어요?"

그런데 우리 주위에서는 남이 아무리 옳고 좋은 생각을 말해도 자기의 생각과 같지 않으면 남의 말을 절대로 인정해주지 않으려는 그런 사람들이 많이 있단다.

"온당하지 않아요. 그것두 학교에서 말나누기식 교육을 잘 배우지 않았기 때문이겠지요?"

아마 그렇겠지. 잘못된 교육의 잘못된 결과야! 그냥 자기주장만 옳다고 우기는 사람들이 너무 많아 탈이야.

"그런 일은 참으로 좋지 않은 일이예요, 일종의 비극이예요"

남의 옳은 말이나 옳은 생각을 받아들이지 않으려면 애초부터 말을 나누지 않아야 하지 않겠니? 남과 말을 나누는 것은 남의 좋은 생각과 좋은 말을 듣고 좋은 것을 배우기 위해서인데 말이야!

"남의 좋은 의견도 인정하지 않고 자기 의견만 고집하는 것은 말 나누기에서 가장 나쁜 태도지요?"

그럼, 병빈아, 세상에서 고집이 세일 센 사람이 누군지 아니?

옹고집이 돼서는 안 되는 거야

"모르겠는데요! 할아버지가 말씀해주세요!"

바로 **"옹고집"**이라는 사람이란다. 우리나라의 옛날 소설에 나오는 사람인데, 이 옹 씨라는 성을 가진 사람이 고집이 어찌나 세었든지 남의 말이라곤 조금도 듣지를 않았어. 동쪽으로 가라고 하면 서쪽으로 가고, 서쪽으로 가라고 하면 동쪽으로 가고 이런 식이었어. 남의 말은 무조건 안 듣는 거야. 그래서 고집이 센 사람을 옹고집이라고 하게 됐고, 옹고집이란 고집이 센 사람의 **대명사**가 된 거야.

"잘 알았습니다. 그럼 남의 좋은 말도 듣지 않고 자기의 고집만 세우는 사람이 **옹고집**이란 말씀이시죠? 남의 좋은 생각도 받아들이려 하지 않는다면 말을 나눌 필요가 없을 텐데!"

그렇단다. 이미 앞에서 말했잖아. 남들과 이야기를 하면 참 좋은 것들을 배울 수 있는 건데 말이다. 사람은 책을 통해서만 배우는 것이 아니라 **남의 말을 듣고 배우는 것도 참으로 많단다.**

옛 사람들이 참 좋은 말을 했단다.

"무슨 말을 했는데요?"

(세 사람이 함께 길을 가면 그 중에는 반드시 자기의 스승이 한 사람 있다)는 거야! 참 좋은 말이지?

"이 말 참 좋은 말인데요, 저도 친구들한테서 배우는 게 많아요."

무엇인가를 배우기 위해서는 남들과 말을 나누는 거야. 배우지 않으려면 뭐 하러 말을 나눠?!!

배려
양보
인내
겸손
사랑
노력
감사

좋지 않은 것은 배우지 않도록 조심해야 해

"그런데 할아버지! 남에게서 좋은 것만 배우는 것이 아니라 좋지 않은 것도 배우는 일도 가끔 있잖아요?"

그럴 수도 있을 거다. 우리 인간은 남에게서 좋은 것만 배우는 것이 아니라, **좋지 않은 것도 배우게 된다**는 뜻이지?

"예, 외국어를 배울 땐 욕부터 배우게 된 다잖아요, 제가 미국 있을 때 아빠가 제가 욕부터 배울까 크게 염려하셨어요."

인간은 나쁜 것부터 배우게 된다고들 해. 말에서도 나쁜 말, 곧 욕부터 쉽게 배운다고들 하지. 가만히 생각해보면 그런 일이 많을 거야! 너는 아직 욕을 잘 알지 못하고 하지도 않아 다행이지만, 욕을 잘 하는 어린이들은 모두 좋지 않은 친구들에게서 배운 것들이야. 어느 부모나 선생님이 어린이들에게 욕을 가르치겠니?

"그러니 말 나누기 한다고 아무 친구나 사귀는 것은 위험하기도 하지요?"

그럴 수도 있을 거야. **친구를 사귀는 것은 매우 중요한 문제야.** 친구를 보면 그 사람의 **사람됨**(인격)을 알 수 있다는 말도 있어. 그래서 친구를 사귈 때는 그 친구가 좋은 말을 하는지를 잘 알고 사귀어야 하는 거란다.

네 친구들 중에는 나쁜 말을 하는 어린이들이 없겠지?

"아직은 나쁜 말을 잘 하는 애는 없어요, 우리 반 애들은 다 착한가 봐요"

참 다행이구나. 앞으로도 나쁜 말을 하는 어린이들과 사귀지 않도록 조심해야 돼!

"네, **잘 생각해서 조심하고 또 조심하겠습니다.**

6. 책속에 길이 있고 진리가 있단다. 책읽기(독서)1.

책읽기는 참 재미있어요!

책상에 앉아 책을 읽고 있던 병민이가 나를 보자 또 질문공세를 폈다.

"할아버지! 저는 요즘 책을 참 많이 읽었어요. 책 읽는 것은 좋은 일이지요?"

좋은 일이고 말고! 병민아! 너는 책읽기를 좋아하고, 책을 많이 읽어서 큰 다행이야!

그래 요즘은 무슨 책을 읽었니?

"해리 포터를 읽었어요."

아니, 너 벌써 오래 전에 그 책 여러 번 읽었잖니?

"네, 이미 여러 번 읽었어요. 그런데 그 때에는 우리말로 된 책을 여러 번 읽었는데 요즘은 영어로 된 책을 읽어요. 1권과 2권은 벌써 두 번이나 읽었는걸요."

그래 영어로 된 책을 잘 이해할 수 있니?

"우리말로 된 책을 여러 번 읽었으니까 영어로 읽어도 제법 쉽게 이해되는 편이예요. 모르는 단어가 나오면 사전으로 찾아서 알아내고요."

사전이라니?

"미국에 있을 때 엄마가 〈어린이 영어사전〉을 사주셨어요. 그래서 참 편리하게 잘 이용하고 있어요. 그리고 요즘은 전자영어사전도 있어요."

참 잘 되었구나. 열심히 책도 읽고 영어도 배워라. 너는 이번에도 일거양득을 하는구나. 사전을 찾아서 영어 책을 읽는다니 정말로 대견스럽구나.

"그래도 잘 모르는 것이 있으면 아빠나 엄마에게 물어봐요. 그리고 제가 영어 책을 읽을 때는 대개 아빠 책상에서 읽으니까 아빠가 잘 가르쳐 주잖아요."

네 아빠가 짜증을 내지 않니?

"아빠는 제가 모르는 것을 물을 때는 짜증을 잘 내지 않아요. 제가 잘 알아들으니까요, 뭐! 그래서 대개는 칭찬만 해주시는 걸요. 그리고 아빠도 선생님이시니까 배우는 사람에게 짜증을 내서는 안 되지요!"

이 녀석! 큰소리는.

책읽기는 꼭 지도를 받아야 하는 거야 (1)

"할아버지, 저는 엄마 아빠가 좋은 책읽기를 잘 가르쳐주신것 같아요, 우선 좋은 책들을 많이 사주셨어요. 그래서 제가 책읽기를 좋아하게 된 것 같아요."

그래 옳은 말이다. 네 엄마는 네가 어릴 때부터 책들을 많이 사다 주었지. 네가 어린이집에 다닐 때, 과학에 대해 하도 물으니까 과학 책들을 많이 사다주었는데, 너는 그것들을 아주 열심히 읽었어. 밤에 잠을 안 자고 책을 읽었어. 그래서 내가 야단을 쳐서 재운 적이 한 두 번이 아니지. 너도 기억하지?

"알고 있어요, 그런데 재미가 있으니까 잠이 안 오는 것 아니겠어요? 재미있는 부분이 나오면 정말로 잠을 자지 않고 끝까지 읽었으면 좋겠어요."

그러나 밤에 잠을 잘 자고 나야 그 다음날 생활이 활기차게 진행될 수 있는 거야. 그리고 책도 잘 읽을 수 있게 되고. 네가 과학 책들을 읽었을 때 잠으로 잘 이해하더구나. 어린이집에서 과학을 잘 알기로 유명했었지. 그래서 하루는 선생님 대신에 네가 과학이야기를 해준 일도 있잖니? 선생님의 칭찬이 대단했었지! 아직도 그것들을 다 기억하고 있니?

"네의 나 기억해요. 앞으로 저는 어차피 과학자가 될 테니까, 과학은 잘 알고 있어야지요."

그럼 학교에서 특별활동을 과학 반에서 하니?

"아니에요, 엄마가 과학반 말고 음악반에서 바이올린을 배우게 했어요, 과학이야기는 많이 알고 있고 또 앞으로 과학자가 될 테니까 지금은 음악을 배워두라는 거지요,"

그래, 네 엄마가 잘 지도하고 있구나.

책읽기는 꼭 지도를 받아야 하는 거야 (2)

"우리 엄마도 대학 선생님이시잖아요, 제가 과학 책을 많이 읽고 나자, 과학과 전혀 다른 〈그리스-로마 신화〉을 사다주셨어요, 이 책이 몇 권으로 되어 있는지 할아버지는 아세요?"

잘 모르겠는데.

"스무 권으로 되어 있어요, 저는 이 스무 권을 각기 열 번쯤 읽었을 거예요, 그래서 저는 신화도 잘 알고 있어요, 고등학생들이 하는 〈골든 벨〉에 나오는 신화문제는 제가 다 잘 맞히잖아요! 할아버지도 보신 적이 있으시지요?"

그래, 네가 신화를 잘 알고 있는 것은 지난번 올림픽 때에도 알았다. 내가 경기장에 나오는 조각을 보고 저게 무슨 여신이냐고 물으니까, 네가

"저건 **승리의 여신**이에요"라고 대답했어. 내가 그 이름은 무엇인데? 라고 물으니 **"니케"**라고 대답했었어. 그러니 너는 내가 생각하기보다 그리스-로마신화를 훨씬 더 잘 알고 있는 거야!

애! 병민아, 니케가 요즘 말로는 무엇으로 되었는지도 알고 있니?

"잘 모르겠는데요,"

요즘 〈나이키〉라는 운동복 보았지? 바로 그리스말의 **니케**가 영어로는 **나이키**란다.

"아하! 나이키는 니케에서 나온 말이군요. 승리의 여신이니 승리를 목표로 삼고 있는 운동선수들에게는 참 좋은 이름인데요."

잘 알아들어 고맙다.

전공이 완전히 정해지기 전에는 폭넓게 책을 읽어야 한단다.

이렇게 과학 책을 읽히고, 그 다음에 신화를 읽힌 네 엄마의 책읽기 지도가 참으로 훌륭하구나.

그런데 그 다음에 네 엄마가 동화책을 읽히려고 했던 것 같은데 너는 동화는 좋아하지 않았었지? 왜 그랬을까?

"어린애들 이야기는 시시하잖아요. 그보다는 해리포터가 훨씬 재미있고 좋아요."

그래? 소설을 읽으면 사람의 생각이, 곧 **상상력**이 훌쩍 성장하게 돼. 그러니 네가 소설을 읽는 것은 나무랄 수 없지만 **동화부터 읽어야 할 것** 같은데!

"어른들은 그러는 게 좋다고들 하시지만 저는 동화에는 관심이 없어요. 앞에서 말씀드린 대로 차라리 제가 소설을 쓰는 것이 더 재미있어요. 할아버지께서 제가 쓴 소설 조금 읽으셨잖아요. 재미없었어요?"

아니, 읽어보고는 정말 놀랐단다. 우선은 조금 서툰 점이 있지만 계속해서 쓰는 연습을 하면 너도 훌륭한 소설가가 될 수 있을 거야. 꾸준히

52 잘 생각하는 어린이가 될 거예요!

노력해보렴. 책읽기는 폭넓게 해야 한다는 것도 잘 기억해 둬!

위인전도 읽으면 좋은 거야

그래, 너는 엄마가 잘 지도해서 책읽기에 재미를 붙이고, 많은 책들을 읽으니 참 좋은 일이다. 책을 많이 읽어서 아는 것이 많으니 선생님과 여러 사람들의 칭찬도 받는 거야. 아는 것이 많은 어린이라고 말이다.

"칭찬 받는 것에는 별 관심 없어요, 제가 읽고 싶은 책을 읽고 내용만 잘 알고 있으면 그만이에요."

물론이지, 칭찬 받으려고 책을 읽는 사람이 어디 있겠니? 그런데 내가 알기로는 네 엄마가 위인전도 사다준 것 같은데, 그것은 잘 읽지를 않는 것 같더라.

"다는 아니지만 몇 가지는 잘 읽었어요, 특히 에디슨을 재미있게 읽었어요."

그래, 너는 과학자가 되고자하니 과학자의 전기에 관심이 많겠지.

"할아버지는 모르세요? 제가 미국 학교에 다닐 때 숙제가 에디슨 전기(영어)를 읽고, 독후감을 써서 학생들 앞에서 발표하는 것이었어요, 그래서 열심히 준비를 하고, 과학자가 입는 가운까지 입고 가서 발표를 했더니 학교에서 대상을 주었어요, 그 상장 아직 가지고 있어요."

그래? 한 번 보자구나. 참 잘 했구나. 너는 책읽기는 잘 하면서, 책에 몰두하여 다른 생각은 하지 않는 것이 장점이면서도 단점이야!

"저도 그것 때문에 고민 중이에요, 어떻게 하면 이런 버릇을 고칠 수 있을까요?"

그야 네가 마음먹고 애쓰면 되겠지. 무엇에 열중하는 것은 좋은 일이야. 가령 **수학시간에 수학에 열중하는 것도 좋은 일이고, 국어시간에 국어에 열중하는 것도 좋은 일이야.** 당연히 그렇게 해야 되는 거야. 그런데 네 문제는 무엇인지 알겠니?

"아니에요, 잘 모르겠어요."

그걸 몰라? 너는 수학시간에도 수학에 열중하지 않고 다른 책읽기에 열중하곤 하잖니. 학교수업시간에는 그 과목에만 열중하고, 다른 것을 생각하지 말아야지. 아마 네가 수업시간에 그 과목에만 열중한다면 공부를 제일 잘하는 어린이가 될 거야.

"그렇게 하도록 열심히 노력하겠습니다."

그리고 일상생활에서도 **놀 때는 놀고, 공부할 때는 공부하고, 밥 먹을 때는 밥을 먹고,** 그래야 하는 거야. 아, 참 **잠 잘 때는 잠을 자고!** 너는 모든 것을 제쳐두고 네가 그때 좋아하는 것 한 가지에만 열중하는 것이 잘못이기도 해! 무엇에 **열중하는 것은 매우 좋은 일이지만,** 알맞은 때에 알맞은 것에 열중해야 하는 거야.

"예를 한 가지 들어주세요!"

컴퓨터 게임이 좋다고, 다른 것은 아무것도 안 하고 게임만 해대면 어떻게 되겠니? 그런 어린이들을 컴퓨터 중독이라고들 하지? 여러 가지 공부도 정도에 맞게 하고 **게임도 정도에 맞게 하고,** 그래야 올바른 생활이 되는 거야. 물론 책을 읽을 때도 정도에 맞게 읽고!

"예, 잘 알았습니다. 앞으로 제 나쁜 버릇을 고치도록 잘 생각하고 노력

하겠습니다. 잘 도와주세요."

그렇게 하자구나.

책 속에 길이 있다, 진리가 있다?

그런데 병민아, 우리가 책읽기 이야기를 하다가 다른 이야기를 많이 했구나. 이제 책읽기에 관한 이야기로 되돌아가기로 하자.

얼마 전까지만 해도 10월 달에는 (독서주간)이 있었단다. 곧 국민들이 책을 많이 읽자는 주간이었어. 그 때 내걸었던 표어가 (책 속에 길이 있다. 진리가 있다)는 것이었어. 참 좋은 말이지?

"네, 참 좋은 말인데요. 그러니까 사람들이 책을 읽는 것 아니겠어요?"

그래, 네 말이 옳다. 책 속에는 사람이 살아갈 길도 있고 진리도 있단다. 그래서 책을 많이 읽은 사람은 잘 살아가고, 아는 것도 많은 거야. 소위 교양이 풍부한 사람이 된단다.

"그래서 저는 책을 많이 읽으려고 해요. 그리고 실제로 많이 읽고요. 그렇다고 아무 책이나 마구 읽어서는 안 되는 거지요?"

그렇고 말고. 책을 읽을 때는 자기의 수준에 맞게 차례대로 읽어야 하는 거야. 너는 지금까지는 네 엄마가 책을 잘 골라준 것 같아.

"그래요, 우선은 제가 제일 좋아하는 쉬운 과학 책부터 읽고, 신화 책들을 읽고, 그 다음에는 소설 같은 것을 읽게 해주었으니, 참 잘 된 기지요?"

그래, 지금까지는 나름대로 참 잘 된 거야. 그런데 우리가 읽어야 할 책들에는 이런 것들만 있는 것이 아니란다. 철학, 역사, 문학, 전기

등 책은 무한히 많아. 앞으로는 더 많은 여러 가지 책들을 읽어야지. 소위 네 지능에 알맞게 체계적으로 많은 책들을 읽어야 하는 거야.

"앞으로 엄마나 아빠, 선생님 그리고 할아버지께서 그렇게 지도해주셔야지요."

물론이지, 너는 여태까지 읽은 책들로써 책읽기에 재미를 붙인 것 같아 다행이야. 그러니 앞으로는 더 좋은 책, 더 어려운 책들도 읽어보도록 해봐라.

고전부터 읽어야 한단다.

"더 어려운 책들이란 어떤 것들을 말씀하시는 거예요?"

우선 소위 〈고전〉이라는 것들이 있어. 이 책들은 옛날, 몇 천 년 또는 몇 백 년 전부터 오늘날까지 읽혀지고 있는 좋은 책들이야, 이런 고전은 철학에도 있고 역사나 소설에도 있어. 그리고 동양에도 있고 서양에도 있지.

"어떤 것들이 있는지 예를 들어주세요."

우선 동양의 고전에는 공자의 책들이라는 〈사서삼경〉과 맹자의 책 〈맹자〉와 노자의 책인 〈도덕경〉이 있단다. 앞으로 네가 차례대로 읽어주었으면 좋겠다.

"힘닿는 데까지 읽을게요! 그리고 서양의 고전에는 어떤 것이 있나요?"

우선 〈플라톤 전집〉, 〈아리스토텔레스 전집〉 등이 있어. 이것들은 모두 철학의 고전들이란다, 소설 곧 문학작품들로는 〈셰익스피어 전집〉,

〈괴테 전집〉 등이 있단다. 그리고 그밖에도 헤아릴 수 없이 많은 고전들이 있단다.

"그 많은 책들을 다 읽기란 참으로 힘들고 어렵겠는데요,"

그렇단다. 그러나 겁내거나 걱정할 필요는 없어. 나도 이 책들을 다 읽은 게 아니야. 내가 좋아하는 것들만 몇 가지 골라서 읽었단다. 이 모두를 다 읽기란 불가능한 일이야. 그러니 앞으로 네가 필요로 하는 고전들만 읽으면 되는 거야.

"저도 힘닿는 대로 이 고전들을 읽어야겠는데요, 언제쯤부터 고전들을 읽어야 하나요? 지금부터는 아니겠지요?"

그렇고 말고, 네 아빠와 큰 아빠는 중학교 때 셰익스피어 전집을 읽었단다. 그 책이 아직 내 서재에 있으니 네가 중학교에 들어가면 읽으려무나.

7. 머릿속에 길이 있고 진리가 있단다. 책읽기 2

책을 읽는 것은 그 책의 저자(글쓴이)와 대화 곧 말 나누기를 하는 거란다

책을 읽는다는 것은 그냥 글자만 읽는 것이 아니라는 것은 잘 알고 있지? 그 내용을 잘 알아야 하는 거야. 그런데 한 걸음 더 나아가서는 그 **글쓴이와 말 나누기를 하는 거란다.** 공자를 읽으면 사실은 공자와 말을 나누는 것이고, 플라톤을 읽으면 플라톤과 말을 나누는 것이고, 맹자를 읽으면 맹자와 말을 나누는 것이란다.

"어떻게요?"

가령 맹자를 읽을 때, 맹자가 어떤 왕을 만났는데, 그 왕이 맹자께 〈앞으로 내 나라에 이익이 있겠습니까?〉하고 묻는데 맹자는 〈왕은 하필 이익만 물으시오? **인(仁)과 의(義)도 있습니다**〉하고 답하는 것을 읽게 될 거야. 이때 너는 〈맹자님, 참 옳은 말씀이십니다. **어질고 정의로우려면 어떻게 하면 되겠습니까**〉라고 맹자와 말을 나눌 수 있는 거야.

"알았습니다, 성서를 읽을 때는 예수님과도 말을 나눌 수 있겠네요, 그리고 예수님과 말을 나누는 것이 기도라고도 하셨지요? 그러니 성서를 읽는 것은 기도가 되기도 하겠어요, 그렇게 하는 거로군요, 그러니 책을 읽는다는 것은 곧 책을 쓴 사람과 말을 나누는 것이네요,"

그렇단다. 앞에서 말 나누기에 관하여 이야기할 때 말해뒀지만, 말을 나누려면 그 말의 뜻을 잘 이해해야 한다고 했지. 그래야 동문서답이 안 되는 거야.

책의 뜻을 알아들으려면 정독과 다독과 속독을 해야 한다.

"그럼 책의 뜻을 잘 이해하려면, 어떻게 읽어야만 하나요?"

책을 읽을 때는 우선 **정신을 집중해서** 읽어야 돼. 너는 정신집중을 잘 하니 큰 다행이야, 네가 책을 읽을 때 지나치게 집중하는 것이 너의 단점이라고 했었지. 그런 것은 사실은 단점이 아니라 장점일수도 할 수 있어.

"그러니 제가 정신을 총집중해서 책을 읽는 것은 좋은 일이지요, 그런데 어른들은 야단을 치시잖아요,"

네가 책 읽는 동안에는 대답도 안 하니까 그렇지. 적당히게 어른들의 부르는 소리도 들을 수 있어야 하는 건데.

아무튼, 정신을 총집중하여 책의 한 글자 한 획을 똑똑하게 읽는 것을 **정독(精讀)**이라고 한단다. 그렇게 책을 읽어야 책의 참뜻을 알아들을 수 있는 거야. 앞으로도 정독을 하도록 노력해라.

"정독 말고 또 다른 책 읽는 방법도 있나요?"

좋은 질문했다. 다독이라는 것이 있단다. **다독(多讀)**은 한 번 읽은 책을 여러 번 되풀이해서 읽는 방법이란다. 정신을 그다지 집중하지 않고 읽어도, 한 번이 아니라 여러 번 읽는 거야. 이것도 책 읽는 방법 중의 한 가지야. 또 자기가 전공으로 공부하는 책은 **정독을 하면서도 다독을 해야** 되는 것도 있단다.

"그럼 정독도 하고 다독도 하는 것이 제일 좋겠는데요, 제가 그리스-로마신화를 읽은 것처럼 말이에요, **정신을 집중해서 여러 번 읽**었으니, 오래 되어도 그 내용을 다 알고 있잖아요."

그런데 다독에도 두 가지의 뜻이 있을 것 같다. 한 권의 책을 여러 번 읽는 것과 **여러 가지의 많은 책들을 읽는 것** 말이다. 정독을 하되 많은 책들을 읽는 그런 다독이 좋지 않겠니?

책을 빨리 읽을 줄도 알아야해

"그 밖에는 독서법이 없나요?"

또 한 가지 있지. 그것은 **속독(速讀)**이라는 거야. 책을 빨리 읽는다는 뜻이지. 요즘 속독학원들도 있던데. 학문적인 어려운 책이 아니라 쉬운 소설 같은 것들은 빨리 죽 읽어버리는 거야. 세상에 헤아릴 수 없이 책이 많은데 모든 책들을 다 정독이나 다독을 하려면 정말로 몇 권 읽지 못하고 말겠지. 그래서 쉬운 책들은 속독을 하는 것이 좋을 것 같아.

"속독할 것들은 더 많은 것 같아요."

또 어떤 것들이 있겠니?

"그야 하루에도 많이 읽어야 할 것들이지요. 특히 일간 신문이나 잡지 등은 속독으로 빨리 읽어버리는 것이 상책일 거예요. 부피가 그렇게 많은 신문들을 여러 가지 읽어야 하는 사람들이 있잖아요. 할아버지처럼 말이에요."

그래, 옳은 말이다. 신문 같은 것들은 속독도 해야 하겠지만, 신문은 대개 중요한 부분만 읽고 뛰어넘어 가버리니 속독이 그다지 필요치 않아. 수설 같은 책들은 뛰어넘고 읽어서는 안 되기 때문에 속독이 필요한 거야.

"그럼 소설을 정독하거나 다독할 필요는 없는 거예요?"

대개의 사람들은 그냥 취미나 교양으로 소설을 읽기 때문에 속독만으로도 충분하겠지. 소설이란 이야기책이니까 말이다. 그러나 소설을 전공으로 공부하는 문학자들은 정독도 하고 다독도 해야 해. 그런데 소설들은 너무 많아서 연구하기가 힘들다고들 하지.

소설도 많이 읽어야지

"저도 앞으로는 소설도 많이 읽어야 하겠어요. 그래야 앎의 폭이 넓어지고, 세상을 보는 눈도 넓어지지요?"

그럼, 네가 지금처럼 책읽기를 좋아한다면 소설도 많이 읽을 수 있을 거야, 소설도 좋은 고전을 많이 읽어야 하는 거야.

"할아버지가 추천하고 싶으신 고전은 무엇이에요? 좋은 것 하나 말씀해 주세요"

그러자구나. 우선 요즘 네 엄마가 사다준 어린이용 **〈삼국지〉**를 읽었으면 좋겠어.

"할아버지, 삼국지는 벌써 두 번씩 다 읽었어요! 그리고 그 내용도 잘 알고 있어요!"

그래?! 이 책은 동양의 고전 소설인데, 단순한 이야기가 아니라 중국의 옛날 역사야. 그러니 재미있는 이야기도 읽고 중국의 역사도 배우고. 소위 일석이조가 될 거야.

"예, 삼국지는 중국의 역사이기도 해요. 그런데 이 일석이조라는 말은 자주 들었는데 그 정확한 뜻이 뭐예요?"

앞에서 이미 설명했잖니? 기억 안 나? 〈돌 하나 던져서 새를 두 마리 잡는다〉는 뜻이야. 일거양득과 같은 뜻이야. 참 좋은 말이지? 일생을 이렇게 한 가지 일로 두 가지 이익을 얻는다면 얼마나 좋겠니?! 그런데 **책을 읽을 때는 대개 일석이조가 돼!**

"어째서 그렇지요?"

가령 할 일이 그다지 많지 않은 사람들은 책을 읽으면서 그 내용을 배우고, 시간도 재미있게 보내고! 이런 뜻의 말에는 우리 속담 **〈꿩 먹고 알 먹고〉**라는 것도 있단다. 한 가지 일로 두 가지 성과를 거두는 것을 뜻한단다. 그런 예는 얼마든지 있을 수 있을 거야.

"삼국지 다음에는 무슨 책을 읽으면 좋겠어요?"

우선 삼국지를 다 읽었으니 이젠 네 엄마가 네 수준에 맞고 꼭 읽었으면 하는 책들을 사다 줄 거야. 요즘은 책 만드는 기술이 발달해서 좋은 책은 모두 어린이들이 읽을 수 있도록 만들어 놓았더구나.

"그럼 계속해서 많은 책들을 읽을 거예요. 책 읽는 것이 가장 좋아요."

그런데 네 엄마는 네가 요즘 책만 읽고 잠도 잘 안 잔다고 걱정이더라. 그러면 안 되는 거야. 앞에서 이미 말한 것처럼 책을 읽을 때는 책을 읽고, 밥 먹을 때는 밥을 먹고, 잠 잘 때는 잠을 자야지. 이렇게 할 일을 구별해서 잘 해야 책도 사주지. 잠도 안 자고 책만 읽으면 책을 사주지 않을 걸.

"앞으로는 책도 읽고 잠도 자고 운동도 할 거예요. 그래야 마음과 몸(심신)이 골고루 튼튼해지겠지요? 운동은 몸을 튼튼하게 해주고 책은 마음, 곧 머리를 튼튼하게 해주니까요."

너는 말은 참 잘 알아듣는데 실제로 그렇게 할 수 있을는지가 문제로다. 한꺼번에 다 그렇게 할 수는 없더라도 그렇게 하려고 노력은 해야 해!

원래는 머릿속에 길과 진리가 있단다.

이제 내가 너한테 한 가지 물어보자. 앞에서 〈책 속에 길이 있고 진리가 있다〉라는 말을 했는데 참 좋은 말이라고 했지? 그런데 그보나 더 좋은 말이 있단다. 나는 〈머릿속(생각 속)에 길이 있고 진리가 있다〉고 하고 싶구나. 내 말이 어떠니?

64 잘 생각하는 어린이가 될 거예요!

"네? 머릿속에 길과 진리가 있다니요? 그럼 책을 읽을 필요가 없잖아요?"

내 말 잘 들어보렴! 독일의 철학자 쇼펜하우어라는 사람은 〈독서론〉에서 **(책을 읽지 말고 생각을 하라!)**고 말하고 있단다.

"무슨 뜻이에요? 잘 말씀해주세요!"

그러자구나. **우선 생각을 하라는 거야.** 생각을 하다가 모르는 것이 있으면 책을 읽으라는 거야. 예를 들면 네가 우주에 관해서 관심을 가지고 생각을 하는데 모르는 것이 있으면 책을 읽고 알아내라는 말이야. 곧 **무작정 책만 읽을 것이 아니라 생각을 하기 위해 책을 읽으라는 거야.** 옳은 말인 것 같지?

"네, 옳은 말인 것 같아요."

책을 읽는 동안 책에 나오는 내용뿐만 아니라, **생각하는 방법**도 배우게 되는 거야. 그러니 이것도 일석이조가 되는 셈이지?

"그런데 제가 골똘히 생각했던 것을 남들이 먼저 알고 책에다 썼으면 실망스럽겠어요. 제가 정말로 골똘히 생각했던 것을 남들이 먼저 생각했으니 말이에요."

실망할 필요는 없어, 왜냐하면 네가 생각했던 것을 남들이 미리 생각하여 책으로 썼으면, 그것은 곧 **네 생각이 옳다는 증명이 되지 않겠니?** 그러니 차라리 기뻐해야 할 일이야. 네가 알아낸 것을 남들도 알고 있으니 빌이다.

"옳은 말씀입니다. 정말로 그럴 것 같습니다. 제가 생각했던 것을 읽고 있던 책에서 발견하는 일이 가끔 있어요. 아니 상당히 많은 것 같아요."

그럴 거야. 너는 내가 보기에도 상당히 **독창적인 생각**을 많이 하니 말이다. 그러나 생각을 보다 잘 하기 위해서는 책을 많이 읽는 것도 필요해. 소위 생각하는 자료를 얻기 위해서 말이다. 책을 읽을 때는 **그냥 책을 읽는 것이 목적이 아니라 생각을 하기 위한 자료와 방법을 얻기 위해서**라는 것을 잊어서는 안 돼.

책을 읽을 때에는 읽은 것의 내용을 네 자신의 것으로 만들어야 한단다.

"그러니 책을 그냥 읽기만 해서는 안 된다는 것이군요?"

그렇단다. 이 말은 보통 사람들은 책을 읽는 것에만 만족하고 마는데 그래서는 안 된다는 뜻이야. 읽은 내용을 잘 이해하고 자기 것으로 만들어 자기의 말로 표현할 수 있어야 한단다. 이런 것이 책을 읽는 참뜻이란다. 책을 이렇게 읽어야 자기의 **〈피가 되고 살이 되는 거야〉**. 우리나라의 유명한 국문학자 양주동 선생은 〈책을 읽을 때는 종이의 뒷면이 뚫어지도록〉 눈을 집중해서 읽어야 한다고 했는데 이 말도 옳은 말인 것 같지?

"참 좋은 말이에요, 보통 어린이들은 책을 읽을 때 그 책 전부를 외우려고 하는 것 같아요, 그러니 읽는 진도가 나갈 수도 없고 많은 책들을 읽을 수도 없지요, 읽는 책의 내용을 잘 알아듣기만 하면 되는 거지요?"

그래, 내가 말한 대로 책 내용의 뜻만 잘 알고, 안 것이 자기의 것이 되면 되는 거야. 많은 책들을 외운다는 것은 불가능한 일이야. 내용만 잘 알면 되는 거야. 내가 또 되풀이해서 말했나?

앞으로는 네가 읽을 책은 네가 골라야 할거야.

"저는 엄마가 사주시는 책만 읽는데, 많은 책들을 사주셔서 참 좋고 고마워요."

그래, 아직은 엄마가 책을 사주니 다행이지만 앞으로 더 크면 엄마가 사주는 책만으로는 충분치가 못하고, 네 자신이 책을 고르고 사야 할 거야.

"그럼 더 좋겠어요, 제가 서점이나 인터넷에서 책을 직접 고르면, 정말로 제가 읽고 싶은 책을 제가 발견하는 것이니까 더 좋지 않겠어요?"

그래, 네가 고등학교나 대학에 들어가면 자연히 그렇게 하게 되겠지. 아직은 어려서 엄마가 좋은 책을 골라서 사주지만.

"제가 더 크고 나면 제가 읽을 책은 제가 골라야 하나요?"

물론이지, 〈네가 읽을 책을 네 자신이 골라서 산다.〉 좋지? 헌데 기쁜 일일는지 몰라도 **책을 고르는 일은 읽는 것 이상으로 어려운 일**이란다. 세상에 그 많은 책들 중에서 어느 것을 선택해서 읽어야 할 것인가, 이것은 어려운 일이 아니겠니? 책을 고르는 일은 정말로 어려운 일이란다. 왠지 알겠니?

"잘 모르겠어요, 제가 인터넷에서 책 내용을 대충 보고 읽빛은 것을 고르면 되지 않겠어요?"

그래, 그러면 되겠지만, **〈한 권의 책이 인생을 좌우한다.〉**는 말이 있단다. 한 권의 좋은 책을 읽은 사람은 착하고 훌륭한 사람이 되지만, 나쁜 책 한 권을 읽고 나서 인생을 망치는 그런 경우도 가끔 있단다.

"그런 걸 예를 들어 설명해주세요."

가령, 네가 좋아하는 에디슨 전기를 읽고 과학자가 되는 사람들이 많단다. 그리고 특히 우리나라에서는 이순신 전기를 읽고 애국자가 되는 사람들도 많이 있고.

"그럼 나쁜 책을 읽고 나쁜 사람이 된 예는 어떤 것들이 있나요?"

가령 도둑질과 전쟁만 하는 그런 내용을 가진 책을 읽고 도둑이나 강도나 살인범이 되는 사람들도 자주 있단다. 그래서 책을 고를 때 매우 조심해야 하는 거야.

"잘 알겠습니다. 그래서 책을 고르는 일이 어렵다고 하셨군요. <한 권의 책이 인생을 좌우한다> 이 말을 특별히 잘 기억해두겠습니다."

요즘은 책을 많이 살 필요가 없단다. 학교도서실에도 좋은 책이 있잖니?

"책은 꼭 자기가 사서 읽어야만 하나요?"

너처럼 초등학교에 다닐 때에는 학교에 도서실이 충분하지 못하기 때문에 대개는 개별적으로 책을 사는 경우가 많겠지. 또 우리나라 중학교나 고등학교에도 도서실이 충분하지 못해서 대개는 자기가 사야할 거야. 하지만 대학에 들어가면 도서관이 잘 갖춰져 있기 때문에 직접 책을 살 필요도 없이 도서관에서 빌려서 읽으면 될 거야. 물론 꼭 필요한 책은 자기가 사야하겠지만.

"할아버지 말씀이 맞아요. 저도 우리학교 도서실에 가봤는데 좋은 책들만 있었지만 그다지 많지가 않았어요."

그래? 너도 학교도서실에서 책을 빌려본 일이 있지? 그리고 수업시간에 그것을 읽다가 선생님한테 야단도 맞고!

"이젠 수업시간에 다른 책을 읽지 않아요. 그리고 도서실에서 책도 빌리지 않고요. 학교 도서실에 있는 책들은 대개 다 엄마가 사주었어요. 아마 제가 가지고 있는 책들이 도서실 책만큼은 될 거예요."

도서실에서 빌린 책은 소중하게 다뤄야 한단다.

그럴는지도 모르지. 그런데 병민아! 도서실이나 도서관에서 비린 책들은 모두가 함께 읽는 책들이기 때문에 착한 어린이들은 그 책을 자기 책보다 더 소중하게 다뤄야 하는 거야.

"책을 소중하게 다룬다는 말씀은 무슨 뜻이에요?"

그 책에다 낙서를 한다든지, 책장을 찢는다든지 해서는 절대로 안 된단다. 옛밀에 〈책천부천〉이란 말이 있는데, 책을 천대하는 것은 부모를 천대하는 것과 같다는 뜻이란다. 옛날에는 책이 귀했으니 그런 말이 나왔겠지만, 책이 많은 요즘도 자기 책은 몰라도, 도서실의 책은 특별히 소중히게 디뤄야 하는 거린다.

"자기 책은 소중히 다루지 않아도 되잖아요? 나 읽고 나면 그냥 버려도 되잖아요?"

그렇지만은 않아, 자기 책도 소중하게 다뤄서 읽고, 다 읽고 나면 동생에게 물려주거나 그 책이 필요한 다른 어린이들에게 물려주면 좋지 않겠니?

"알겠습니다, 책을 읽고 나면 정돈도 잘 해둬야 하는 거지요?"

당연한 말이야. 너는 책 정돈을 잘 하지 않아 엄마한테 야단맞은 일이 여러 번 있지? 앞으로는 야단맞지 않도록 정돈을 잘 하려무나.

책은 책상 앞에 반듯하게 앉아서 읽어야 한단다.

그리고 책을 읽을 때에는 **자세도 좋아야 해.** 가장 좋은 자세는 어떤 자세겠니?

"그야, **책상에 바로 앉아 읽는 것**이지요, 그런데 저는 침대에 엎드려 읽는 것을 좋아해요, 사실은 그래서는 안 되는 건데, 그러는 것이 좋아서 엎드려서 읽다가 엄마의 주의를 받는 일도 자주 있어요, 앞으로는 책상에 **반듯하게 앉아서 읽도록 노력하겠습니다.**"

좋은 생각이야, 당연히 그렇게 읽어야 하는 거야. 또 옛날 말 하나 해볼까? 〈다리를 쭉 뻗고 책을 읽으면 읽은 것이 머리에 남아 있지 않고 발가락 끝으로다 새나간다〉는 거야. 병민아! 잘 알아들었지?

"할아버지 잘 가르쳐주셔서 참 고맙습니다, 엄마나 아빠는 이렇게 잘 가르쳐주지는 않고 잘못하면 야단만 치려고 해요, 야단을 치기에 앞서 잘 가르쳐주어야 하는 건데!"

그렇지만은 않을 걸. 네 엄마와 아빠도 선생님이시니까 무턱대고 야단만 치시질 않을 거야. 네가 결정적으로 잘못한 것이 있을 때만 야단치겠지? 네가 잘못하는 때도 자주 있잖니?

"그래요, 요즘은 조금 나아졌지만 예전에는 잘못을 자주 했어요, 앞으로 제가 노력하는 것만큼 잘못이 줄어들겠지요, 잘 생각해서 잘 하겠습니다."

애, 병민아! 책읽기에서 잘못이 얼마나 되겠느냐. 그냥 마음 좋고, 바른 자세로, 정신을 집중해서 읽기만 하면 되는 거야!

8. 사람은 남들과 더불어 사는 거란다(인간은 사회 적인 동물이란다).

친구에게는 친절하게

"할아버지, 학교의 제 짝은 여자아이인데 저를 잘 도와줘서 참 좋아요. 고마운 친구예요. 좋은 친구를 많이 사귀는 것은 참으로 좋은 일이지요?"

병민아, 너를 좋아하고 도와주는 친구가 있다니 참으로 다행이구나. 너는 무뚝뚝해서 친구들이 많지 않은 줄 알았는데!

말 나누기에 관한 이야기를 할 때 너는 남의 말을 듣기보다 너만 말을 많이 한다고 핀잔을 주었었는데, 너를 좋아하는 친구들도 있구나. 정말로 좋은 일이다. 너도 친구들에게 **다정한 말도 하고 친절하게 대해주어야 하는 거야!**

"사실 저는 남에게 말을 잘 걸지 않지만, 저에게 말을 걸고, 저와 사귀려는 애들은 많아요, 왠지 아세요? 제가 과학과 신화에 관한 것을 많이 알고 있기 때문이에요, 어쩌다 제가 과학이야기를 하면 대개 저를 좋아하는 것 같아요, 잘됐지요?"

참 잘됐다! 그런데 병민아! 사실이 그렇더라도 네가 아는 것이 많아서 너를 좋아하는 애들이 많다고 하는 것은 지나친 말이 아니니? 자기가 한 일을 자랑하는 것을 (자화자찬)이라고 하는 거야. 곧 **자기가 그린 그림을 자기가 칭찬한다**는 뜻이야.

"할아버지, 제가 자화자찬을 하려고 하는 것이 아니라, 과학문제가 나오면 제가 잘 아는 때가 많기 때문이에요, 그런 오해는 하지 마시기 바랍니다, 제가 어린이집에 다닐 때 선생님 대신에 어린이들에게 과학 이야기 해준 것 잊으셨어요?"

그래, 네가 좋은 것을 많이 잘 알고 있는 것은 좋은 거지. 그렇지만 그것을 일부러 자랑하려는 것은 좋지 않다는 말이야.

자기가 아는 것도 겸손하게 말해야

"저는 자랑을 하지 않아요,"

그런 줄 알고 있다. 그런데 네가 아는 것을 말을 할 때에도 남들을 (알지 못하는 어린이들을) 생각해서 **겸손하게**, 곧 조용하게 말을 해야지. 네가 나를 닮아서 그런지 말을 거침없이 해대니 남들의 **오해를 사기도 하는 거야.** 할아버지가 그런 오해를 받은 일이 매우 자주 있단다.

"**할아버지 같은 오해를 받지 않도록 특별히 잘 생각하고 조심할게요.**"

꼭 그렇게 해야 해! 너는 자랑하고 싶은 생각이 조금도 없는데 네가 조심하지 않고 마음대로 떠들어대면 오해를 받기가 십상이지.

그리고 네가 앞에서 네 짝이 잘 도와준다고 했는데, 너도 그 애를 잘 도와주니? 너도 '그 애가 너를 도와주는 것만큼 잘 도와주어야 하는 건데.

"**그렇지가 않아요. 그 애가 자발적으로 제 책상 속도 정돈해주고, 점심 먹은 식판도 제자리에 가져다 놓곤 해요.**"

그럼 너도 그 애에게 무언가 좋은 일을 해주어야지!

"**제가 도와줄 것도 없이 그 애는 자기 일과 제 일을 다 잘하는걸요.**"

그럼 너는 최소한 고맙다는 말이라도 해야지?

"**할아버지께서 잘 알고 계시다시피 저는 남에게 말로 잘 표현하지 못하잖아요. 그게 제 잘못이라고 할아버지와 엄마 아빠가 나무라시죠. 마음속으로는 고맙다고 생각하고 있으면서 말로는 표현이 잘 안돼요.**"

앞으로는 말로 똑똑하게 고마움을 표현할 수 있도록 노력해야 돼.

"**예! 앞으로는 잘 생각해서 그렇게 할 거예요!**"

세상은 남들과 더불어 사는 거란다.

병민아, 우리 인간은 이 세상에 혼자서 살아가는 것이 아니란다.

"예, 그건 잘 알고 있어요, 언제나 남들과 더불어 살아가는 거지요, 어려운 말로는 〈사람은 사회적인 동물〉이란 말도 있잖아요?"

그렇기 때문에 **남들을 잘 사귀어야 하는 거야.** 한자로 人間이란 글자는 〈사람 사이〉라는 뜻이지? 사람이란 원래 두 사람 이상의 다른 사람들과 더불어 살아가도록 되어 있는 거란다.

"할아버지, 우리가 다른 사람들과 더불어 살아가려면 어떻게 해야 돼요?"

그야, 우선 다른 사람들과 잘 사귀어야 하지!

"다른 사람들과 잘 사귀려면 어떻게 해야 해요?"

잘 물었다. 어려운 문젠데 잘 들어봐! 다른 사람들과 잘 사귄다는 말은 〈우선 **그 사람의 인격을 존중하고, 좋은 사람으로 대접하는 데**〉서 시작되는 거야.

"남들을 사람 대접한다는 말은 무슨 뜻이에요?"

남들도 너와 똑같은 사람으로 **인정해주고,** 필요할 때는 **도와주고** 하는 거야. 그러니 남을 사람으로 대접하는 일은 어려운 것도 아닌데, 매우 어려워하는 사람들도 많단다. 이제 네가 사귀어야 할 사람들을 생각해보기로 하자.

우선 학급친구들부터 사귀어야지.

"우선 저희 반 친구들부터 잘 사귀어야겠지요?"

그래! 옳은 말이다. 먼데 있는 사람을 사귀려 하기 전에 네 같은 반 친구들부터 잘 사귀면 된단다. 너는 네 반에서 친하게 사귀는 애들이 몇 몇 있다고 했지?

"몇 사람되지 않지만 친한 친구들은 있어요. 그런데 여자 친구들이 저를 더 좋아해요."

그래? 여자 친구든 남자 친구든 친구가 많은 것은 좋은 일이야. 그 런데 너는 왜 여자 친구들이 많니?

"그건 아무래도, 제가 얌전하고 똑똑하니까 그럴 거예요. 그리고 여자들 을 괴롭히지도 않으니까요."

하기는 너는 얌전하고 말이 별로 없고 여자 같으니까 여자 친구들이 너를 좋아할 거야. 여자 친구가 많은 것도 좋지만 남자 친구도 많아야지.

"남자 친구들도 있어요. 제가 축구 반이었잖아요. 축구반 애들과는 잘 지냈어요. 함께 축구를 하면 재미도 있고 친구도 사귀고, 운동도 되고 〈일거 양득〉이 아니라 〈일거삼득〉이에요."

그런데 네가 지금 일거양득이니 일거삼득이니 하는 말을 했는데, 일 거삼득이 무슨 뜻이야?

"말씀드릴게요. 일거삼득은 한 가지 일을 해서 세 가지의 이득을 얻는다 는 뜻이에요."

멋있는 말인데. 네 어휘능력이 많이 늘었구나. 참으로 기특하구나.

인간이 다 평등한 것처럼 남자와 여자도 평등(동등)하단다.

그런데 병민아, 너희 학교에서는 여자 어린이를 무시하고 괴롭히고 하는 남자 어린이는 없겠지?

"가끔 그런 남자 어린이도 있는 것 같아요, 그래서는 안 되는 건데 말이에요, 저는 남자고 여자고 가리지 않고 좋은 어린이하고만 친하게 지내려고 애써요, 원래부터 남녀는 평등하니까 말이에요, 그리고 여자 애들중에 더 똑똑한 애가 많은 것 같아요."

잘하고 있구나. 언제나 그래야 하는 거야. 너도 알고 있지? 네 동생 병욱이가 미국에서 학교에 다닐 때, 어떤 덩치 큰 미국 남자 애가 통학버스에서 한국 여자 애를 괴롭히자 병욱이가 가로막고 나서시 그 미국 애를 혼내준다고 덤볐던 일말이야.

"미국은 평등의 나라라고들 하지만 여자를 괴롭히려는 남자들도 있었어요, 한국보다 좋지 않은 일이에요, 그리고 저는 원래 여자 애들이 더 좋아요, 왜냐하면 얌전하고 싸움을 하러 덤비지도 않고."

남자와 여자가 권리는 똑같지만 보통 여자는 신체적인 힘이 남자보다 모자라는 편이지. **약한 자를 도와주는 사람이 신사**야. 옛날말로는 **기사**라고도 했지. 잎에서 밀한 병욱이의 행동은 **기사도**라고 할 수 있을 거야. 물론 남녀를 불문하고 약한 자가 괴로움을 당할 때에는 도와주어야 한단다.

"저는 그런 일은 절대로 하지 않을 거예요, 여자들은 대부분 얌전하고 싸움도 걸지 않으니 그야말로 신사들이지요."

그래, 네 말이 옳은 것 같다. 다만 점잖은 여자는 신사라 하지 않고 **(숙녀)**라고 한단다. 이 말 알지?

"이런! 제가 말실수를 했어요, 숙녀를 신사라고 했으니 말이에요."

여하튼 너는 남자고 여자고 착한 학생이면 네가 **자발적으로 사귀려고 해야 한다.** 그리고 사람은 친구가 많아야 하는 거야. 제일 좋은 친구란 **자기가 곤란에 빠졌을 때 도와주는 사람**이고, 또 **친구가 곤란에 빠졌을 때는 너도 도와주어야 하는 거야.**

학교 이외의 곳에서도 좋은 사람은 친구로 잘 사귀어야 한단다.

너는 학교 밖에서도 또래들을 만나는 일이 있지? 예컨대 학원 같은 곳에서 말이야.

"그럼요, 영어학원에서도 제 또래들을 만나는데, 모든 아이들과 친하게 잘 지내요. 모두 미국에서 학교를 다니다온 터라 영어로만 말을 해요. 서로 영어를 안 잊어버리고 새로운 말도 배우려고 열심히 영어를 하거든요. 영어학원에서 좋은 친구들을 많이 만났어요."

그래 참으로 다행이다. 영어학원에서 선생님들과도 잘 사귀지? 선생님들이 모두 영어를 하고 미국인 선생님두 있나시?

"그래요, 미국인 선생님이 저를 매우 좋아하세요. 한 번은 월말 성적표에 <남들이 따라갈 수 없는 똑똑한 어린이>라고 적으셨어요. 참으로 좋은 평이지요? 그 선생님이 저를 좋아하고 저도 그 선생님을 좋아하니 잘 사귄 거지요?"

참으로 대견하다. 그리고 선생님과 잘 사귀었다니 세일 큰 다행이다. 영어로만 말을 하는 친구들과 선생님들을 만났으니 그 학원은 미국과 같겠구나.

"학원에서는 공부하고 노는 것은 미국과 같지만, 일주일에 이틀밖에 배우지 않으니, 매우 부족해요."

그렇겠다. 그리고 너 **한문서당**에도 다닌다지? 거기서는 어떠니?

"거기는 학생이 두 명밖에 없어 잘 사귀래야 사귈 사람이 하나밖에 없지요. 학생 두 명에 선생님이 한 분이시니 분위기가 매우 좋아요. 선생님도 친절하시고요. 여기서는 선생님을 더 잘 사귀었어요."

그 서당은 참으로 좋겠구나. 다행이다. 한자 잘 배워라.

"예! 할아버지 저는 원래 한자 배우기를 좋아하잖아요! 틀림없이 **잘 배울 거예요.**"

아래 학년 학생들은 너의 동생뻘이 된단다.

네가 벌써 5학년이니 학교에 가면 네 **하급생**들이 많겠구나?

"예! 그래요. 제 밑으로 4개 학년이 있으니 제 동생들이 많은 셈이지요. 그리고 내년이면 더 많아지겠지요."

그런데 네가 **하급생들을 동생이라고 한 말**은 참 좋은 말이야. 아래 학년 어린이들은 정말로 네 **동생**이야. 그러니 네 동생 병욱이인 것처럼 **잘 대해주어야 해.** 옛날 학교들에서는 하급생을 괴롭히고, 때리고 하는 일이 자주 있었단다.

"예? 옛날에는 그런 일이 있었어요? 참 나쁜 버릇인데요. 저는 절대로 하급생들을 **괴롭히거나 해코지하지 않아요.** 그러니 할아버지께서는 그런 걱정은 조금도 하시지 마세요!"

네가 그런 나쁜 짓을 하리라고는 꿈에도 생각하지 않는다. 다만 옛날 일제 강점기의 학교생활이 생각나서 해본 말이야.

"일제 강점기에는 그런 일이 있었어요? 역시 일본은 좋지 않은 나라군요?"

그때에는 그런 일이 자주 있었단다. 특히 중학교에서는 하급생이 상급생에게 인사를 안 했다고, 상급생들이 그 하급생을 자기네 교실에 불러다가 집단폭행을 하는 일도 있었단다.

"그런데 할아버지, 이젠 일제강점기가 아니잖아요. 그러니 그런 일이 일어나지 않겠지요?"

아니야, 그랬으면 좋겠지만, **일제의 잔재**(찌꺼기)가 아직도 남아서 그런 짓을 하는 못된 학생들도 가끔 있단다. 그래서 말썽이 나는 일이 가끔 보도되고 있지 않으냐?

"저나 제 친구들은 절대 그런 건 본받지 않을 거예요."

그래, 참으로 착한 생각이다. 원래 윗사람은 **아랫사람을 사랑하고 도와주어야 할 책임이 있는 거야.** 그러니 아래 학년 학생들을 얕잡아 보거나 괴롭혀서는 안 되는 거야. 절대로 그런 일이 있어서는 안 돼, 병민아!

"잘 알겠습니다. 저는 아래 학년 학생들을 사랑하고 도와주는 것에만 힘쓸 거예요! 왜냐하면 동생이란 사랑의 대상이니까요!"

나이 많은 형들은 형으로 대접해주는 것이 좋단다.

"제가 더 어렸을 때 태권도 도장에 다닐 때 여러 형들과 잘 사귀었어요.

형들이 잘 가르쳐주기도 했어요."

그랬었다. 너는 네가 **능동적으로 사람을 사귀려 하지 않는데** 남들이 너를 귀엽게 봐주어서 다행이야. 앞으로도 남의 귀여움을 받을 수 있도록 남들에게 **명랑하고 다정하게** 굴어야 한단다. 형들을 만나면 인사도 먼저 하고!

"그런데 저는 다른 친구들보다 다니는 학원이 적어요. 그래서 다행이에요. 대신 사귀어야 할 형들이나 동생들은 적지만요."

그래, 학원에 많이 안 다니는 것은 참 좋겠다. 하지만 되도록 많은 친구들을 사귀어 두는 것이 좋은데.

"바이올린은 선생님이 집으로 오시니까 다른 애들과 사귈 수 없는 것이 유감이에요."

그래, 그러나 더 많은 학원에 다니지 않은 것은 큰 다행이다. 하지만 바이올린 선생님은 네가 정말로 잘 사귄 것 같더구나. 네가 열심히 배운다고 선생님이 너를 귀여워해 주시는 거겠지?

"그러시는 것 같아요. 그리고 제가 악보를 잘 외우고 선생님이 지도해주시는 대로 잘 하니까 귀여워해 주실 수밖에 없으시겠지요."

옜다, 이놈! 또 네가 잘한다는 소리를 하는구나. 자기 칭찬을 하는 것은 **바보 같은 짓**이야. 그리고 **남을 사귀는데 가장 좋지 않은 일**이야. 세상에는 **너보다 더 잘 하는 사람이 얼마든지 있다는 것을 알아야해!**

"제가 제 자랑을 하고 싶어서 하는 말이 아니에요. 남들이 저에게 말해주는 대로 할아버지께 말씀드리는 것뿐이에요. 남들에게는 절대로 자랑하지 않아요. 그리고 실제로 제가 잘난 것도 없고요."

그래 잘 생각했다. 자기가 열심히 노력해서 많이 알아야하지만 많이 알았다고 자랑하는 것은 정말로 안 좋은 일이야. 남이 칭찬을 해주어도 **사양**을 할 줄 알아야 하는 거야. 그리고 **"잘 익은 곡식은 고개를 숙인다."** 는 말 들었지?

"예, 들었어요. 앞으로 저도 잘 생각해서 그렇게 하겠습니다."

9. 인사는 사귐의 첫걸음이란다.

남을 사귀려면 인사부터 잘 해야 돼!

병민아! 앞에서 사람은 혼자서 살지 않고 남들과 더불어 산다고 했지? 그래서 남들과 잘 사귀어야 한다고도 했지? 기억하고 있니?

"예, 잘 기억하고 있습니다."

사람이 더불어 살게 되니 다른 사람들을 만나게 되고, 또 잘 사귀어야 하지? 다른 사람을 만났을 때는 어떻게 해야 하니? 알고 있지?

"물론입니다. 잘 알고 있어요. 인사부터 해야지요."

옳아, 이렇게 인사하는 것이 앞에서 말한 **사귐의 첫걸음**이야. 그런데 넌 어떻게 인사하니?

"그야 사람에 따라 다르지요. 친구를 만나면 이름을 부르고 〈잘 있었니?〉라고 해요."

참 잘하는 인사다. 그런데 네가 남들에게 인사를 잘 안 해서 엄마한테 야단맞는 일이 자주 있잖니?

"예전에는 그랬어요. 그런데 요즘은 제법 잘해요. 우리 집 수위아저씨가 제가 인사를 잘한다고 칭찬도 했어요."

그래? 정말 다행이구나. 앞으로는 더 정신 차려 남들에게 인사를 잘해야 한다. 동네 친구들에게도 지나치면서 〈안녕!〉하고 먼저 인사했으면 좋겠다. 미국에서는 어떻더냐?

"앞에서도 말했지만, 미국에서는 간단해요. 남을 만나면 그냥 〈하이!〉하면 돼요. 아는 사람이건 모르는 사람이건, 모두에게 〈하이!〉라고 해요."

그 참 좋은 인사법이구나. 우리말에는 간단하게 인사할 말이 마땅치가 않지? 매번 〈안녕하세요?〉라고 하기는 말이 너무 길고, 우리도 그냥 〈안녕!〉이라고 줄여서 했으면 좋겠다.

우리의 인사말은 복잡해

"정말이에요, 그랬으면 좋겠어요."

그런데 이젠 이 말이 많이 쓰이고 있어. 한데 문제는 우리말에는 어른들에게 하는 말과 애들에게 하는 말이 다르다는 거야. 어른들에게도 그냥 〈안녕!〉했다가는 인사를 안 한 것만 같지 못하고 오히려 야단을 맞게 될 수도 있을 거야.

"왜 그래요? 인사를 하는데도?"

아직은 우리나라에서는 어른들에게는 반말을 해서는 안 되기 때문이야. 그러니 어른들에게는 꼭 〈안녕하세요?〉 또는 〈안녕하십니까?〉라고 해야만 해!

"그건 참 복잡하지만 그렇게 해야 되겠군요, 그렇다고 길거리에 다니는 아무에게나 인사를 할 필요는 없겠지요?"

그래, 다만 딱 부딪치는 사람들에게는 최소한도로 아는 척이라도 해야 할거야.

눈인사라도 해야 돼!

"어떻게요?"

가령 고개를 약간 숙인다든지, 소위 목례(目禮)라도 하면 좋겠지! 목례란 〈눈인사〉라는 뜻이야.

"딱 마주친 사람은 그냥 피하지 말고 눈인사라도 하라는 거지요?"

그래! 미국사람들은 이런 경우 눈인사도 하고 생긋 웃기도 하지 않더냐?

"그랬어요, 저도 앞으로 잘 생각해서 그렇게 하려고 노력할게요,"

병민아! 너는 특히 동네 어른들에게 인사를 잘 해야 해. 네가 인사도 안 한다고 불평하는 어른들도 있더라. 가령 엘리베이터에서 남들을 만나

면 꼭 〈안녕하세요?〉라고 인사해야 돼!

"요즘은 1층에 사니까 엘리베이터를 탈 일이 없어 다행이에요."

그래, 엘리베이터 안에서는 남을 만날 일이 없겠구나. 그러나 너희 집 앞에 엘리베이터 출입문이 있으니 남들을 만나게 될 거 아냐? 그러면 아파트에 사는 어른들이나 어린이들에게 꼭 인사를 해야 한단다.

가족간에도 인사를 잘 해야 하는 거란다.

병민아, 인사는 남들과만 하는 것이 아니란다. 가족들 간에도 인사를 잘 해야 하는 거야!

"그런 것은 저도 잘 알고 있어요. 저희 집에서는 아침에 아빠가 제일 먼저 집을 나가시니까 아빠가 나가실 때 〈아빠, 잘 다녀오세요, 저도 학교에 잘 다녀오겠습니다.〉라고 인사해요."

당연히 그렇게 해야지.

"그리고 엄마는 저희를 학교까지 데려다 주고 출근하시기 때문에, 엄마에게도 〈잘 다녀오세요! 저도 공부 열심히 하고 집으로 가겠습니다.〉라고 인사해요."

그것도 당연한 일이야. 그리고 너희들이 집에 먼저 돌아오니, 엄마나 아빠가 집에 돌아오실 때는 어떻게 하니?

"그때는 현관문 앞까지 나가서 허리를 굽히며(손을 배꼽에 대고) 〈잘 다녀오셨어요?〉라고 반갑게 인사해요. 그러면 엄마 아빠가 기뻐하시며 제 머리를 쓰다듬으시거나, 안아주시기도 하세요!"

이렇게 부모님께 인사를 하는 것은 당연한 일이야. 그리고 네 동생 병욱에게는 어떻게 인사하니?

"학교에 갈 때는 함께 가니까, 학교에 가서 헤어질 때 <병욱아 공부 잘 해!>라고 말해요."

그럼 병욱이는 너에게 뭐라고 대답하니?

"형 공부 잘해! 라고 답해요. 그리곤 자기 교실로 달려가요."

집에 돌아와서는 병욱이에게 뭐라고 인사하니?

"병욱이를 보면 잘 다녀왔어? 학교에서 별일 없었지? 라고 해요."

그러면 병욱이는 너에게 어떻게 대답하니?

"<형, 잘 다녀왔어?>하고 반갑게 맞아줘요."

참으로 잘 하는구나. 원래 형제간이란 그렇게 사이좋게 잘 지내야 하는 거야.

형제간에 서로 좋아하고 사랑하는 것을 우애라고 한단다.

지금 네가 말한 것처럼 형제간에 사이좋게 잘 지내는 것을 우애라고 한단다. 그런데 네 엄마 말을 들으니, 병민이 너는 동생을 잘 데리고 논다더구나. 정말로 칭찬해야 할 일이야.

"병욱이는 저하고 노는 것을 제일 좋아해요. 특히 컴퓨터게임이나 게임보이를 할 때는 꼭 저와 함께 하려고 해요. 저는 약간 귀찮긴 하지만 함께 놀아줘요. 그리고 저희가 놀이를 할 때는 대개 영어로 말하니까 서로 영어를 잊어버리지도 않고 <일거양득>이에요."

그래, 참 잘하고 있구나. 우애란 함께 노는 것도 중요한 일이지만, 다른 일도 함께 잘 해야 하는 거야.

"어떤 것 말씀이세요?"

원래 형제간이란 부모를 빼고는 제일 가까운 사이야. 네가 촌수를 말한 적이 있는데 촌수로 따지자면 형제간은 2촌이야. 사람들은 2촌이란 말을 쓰지 않지? 왜냐하면 너무 가깝기 때문이야.

"그래요 3촌과 4촌이란 말은 들어봤어요, 그런데 2촌이란 말은 들어보지 못했어요."

2촌이란 그렇게 가까운 사이야. 그래서 형제간에는 실제로 〈네 것 내 것〉의 구별도 없단다. 우스개 소리로 〈네 것도 내 것, 내 것도 내 것〉이란 말 들어봤지? 이 말이 형제간에는 사실인 거야. 곧 형제간에는 네 것 내 것이 없다는 뜻이야.

"할아버지, 그러면 〈네 것도 네 것, 내 것도 네 것〉이란 말도 되겠는데요?"

그렇게도 되겠구나. 네가 참 잘 알아들었구나. 너는 동생에게 그렇게 하려무나.

"사실이 그런 것 같아요, 제가 쓰던 장난감을 병욱이가 제 마음대로 쓰고, 저도 병욱이 것을 제 마음대로 쓸 때가 자주 있어요."

형제간에는 다 그러는 거야. 앞으로 커서 돈을 벌어도 네 돈 내 돈을 지나치게 따지면 좋은 형제가 아닌 거야. 실제로 네 돈과 내 돈의 구별이 없어야 하는 거야!

"어떻게 그렇게 돼요?"

너와 병욱이가 다 같이 돈을 잘 번다면 별 문제가 없겠지만, 한쪽은 잘 벌고 다른 쪽은 잘 벌지 못한다면, **잘 버는 쪽에서 잘 못 버는 쪽을 힘자라는 데까지 도와주어야** 하는 거야. 요즘 세상은 **이웃사랑**이 발달하여 생판 모르는 남도 도와주지 않느냐.

"할아버지, 그런 것은 **소학**에도 나와요."

아니 네가 벌써 소학을 알고 있단 말이냐?

"저와 병욱이는 소학을 다 외우고 있어요. 한문서당에서 배운 거예요. 그리고 그 뜻도 잘 알고 있고요."

그거 잘 됐다. 앞으로 소학을 이용해야 할 때가 많을 것 같다. 그럼 소학에서 **형제간의 우애에 관해 말하고 있는 부분**을 한 번 외어보려무나!

"예, 알았습니다. 형무의복/ 제필헌지/ 제무음식/ 형필여지 예요.(兄無衣服/ 弟必獻之/ 弟無飮食/ 兄必與之)"

뜻을 한 번 풀어주겠니?

"<형에게 의복이 없으면 동생이 반드시 드려야 하고, 동생이 먹을 것이 없으면 형이 반드시 주어야 한다.> 이런 뜻이에요. 할아버지께서 말씀하신 것과 같지요?"

형제간은 사랑과 도움의 대상이란다.

"할아버지, 이웃사랑은 잘 못사는 다른 민족, 다른 국가까지도 도와줘야 하는 거지요? 그러니 내 형제는 당연히 도와주어야지요."

애, 병민아! 임밀한 뜻으로는 자기 **형제나 친척을 도와주는 것은 이웃사랑이라 할 수 없단다.** 그냥 형제니까, 곧 자기 몸의 한 부분이니까 **본능**

적으로 도와주는 거야. 형제가 매우 어려우면 자기 **형제부터 돕고 남을 도와주게 되겠지?**

"아, 그래서 우애를 실천하라고 하셨어요?"

그렇단다. 보통, 자기를 돕고 나서 남을 돕는 것이 바른 순서일거야. 신약성서에서 보면 예수님은 이웃사랑에 대해서 **(네 이웃을 네 몸같이 사랑하라)**고 말씀하셨단다.

"아하! 남을 자기 자신처럼, 말씀이세요?"

그렇단다. **자기 자신을 사랑하지 않는 사람은 남을 사랑할 줄도 모를 수 있는 거야.** 그래서 우선은 자기를 사랑하고 그 사랑의 정도에 따라 남을 사랑해야 하는 거야!

"헌데, 할아버지, 세상에는 자기보다 먼저 남부터 도와주는 사람들도 많잖아요?"

그런 사람들도 많지. 이런 사람들은 정말로 착한 사람들이야. 종교적으로는 이런 사람들을 **(성인)**(聖人=거룩한 사람)이라고 해. 그리고 종교가 없는 사람들은 의인(義人), 곧 의로운 사람이라고들 한단다.

"잘 알겠습니다, 제가 커서 돈을 잘 벌면 할아버지도 도와 드릴 거예요."

말만 들어도 고맙다. 네가 돈을 잘 벌 때까지 내가 살아 있을 수 있을까? 앞으로 12년은 더 있어야 네가 대학을 졸업할 텐데.

"할아버지 그런 걱정은 하지 마세요, 제 엄마 아빠가 의사선생님이시잖아요, 할아버지의 건강을 잘 지켜드릴 거예요."

넌 기특한 말만 하는구나. 그래서 내가 너를 사랑하나보다. 그런데 병민아, 네가 돈을 많이 벌어 **나를 도와주는 것은 이웃사랑이 아니야!**

"할아버지! 왜 그런가요?"

그것은 이웃사랑이란 원래 **(나)**가 아니라 곤란에 빠져 있는 **남**을 도와주는 것이기 때문이야. 그러니 만약에 네가 나를 도와준다면 그것은 이웃사랑이 아니라 **(너 자신을 사랑하는 것과 같단다)**. 왜냐하면 나는 네 할아버지이기 때문이야.

"할아버지, 전 병욱이가 돈을 잘 벌지 못하면 잘 도와줄 거예요."

너희는 우애가 있는 형제간이니 네가 그렇게 하리라고 믿어. 그리고 네가 돈을 잘 벌지 못하면 병욱이도 너를 도와주려 할거야.

"병욱이도 물론 저를 도와주려고 하겠지요. 할아버지와 엄마 아빠가 그렇게 하도록 교육을 잘 시켜주세요. **저희 형제가 우애 있게 잘 지내도록 말이에요.**"

물론이지, 그렇게 하고 말고.

10. 부모와 어른은 잘 섬기고 공경해야 한단다.

부모에게 잘 하는 것을 효도라고 한단다.

여태까지 형제간의 좋은 관계, 우애에 관한 이야기를 했는데, 이젠
부모와의 좋은 관계, **효도**에 관한 이야기를 해보기로 하자,
병민아, 네가 이 세상에 어떻게 태어났는지 알고 있지?
"그야 엄마 아빠가 저를 낳았기 때문이지요, 뭐!"
너를 이 세상에 있게 해준 엄마 아빠가 매우 고마운 분들이지?
"그거야 당연한 일이지요, 매우 고마운 분들이에요, 아니 세상에서 제일

고마운 분들이죠, 그런 것은 알고 있어요, 할아버지! 이 말은 소학의 첫줄에 나와요!"

그래 네가 정말로 소학을 잘 알고 있구나.

"할아버지, 소학은 한문서당에서도 배웠고 이번 여름방학 청학동 예절 캠프에서도 배웠어요, 저 소학을 다 외우고 있어요, 아마 병욱이도 외우고 있을 거예요, 할아버지, 소학첫머리를 외어볼 게요, 바로 효도에 관한 거예요,"

그래, 한 번 외어봐!

"부생아신/ 모국오신/ 복이회아/ 유이포아 예요.(父生我身/ 母鞠吾身/ 腹以懷我/ 乳以哺我) 그 뜻은 <아버지는 내 몸을 낳게 하시고 어머니는 내 몸을 기르셨다, 나를 배에 품으시고 젖으로써 나를 먹이셨다>예요,"

병민아! 네가 정말로 나를 놀라게 하는구나! 너희 형제 대단한데! 그런데 낳으신 것만 해도 이렇게 고마운 일인데, 낳는 것만으로 끝나는 것이 아니잖니?

"기르시는 것이 더 힘들다고들 하잖아요? 특히 요즘은 자식 기르기가 매우 힘들대요,"

네가 그런 것도 아니 다행이다. 갓난아기 때는 알맞은 시간에 젖을 먹어야 하고, 기저귀도 갈아주어야 하고, 아기 기르는 일은 정말 힘든 일이야.

"저는 어렸을 때라 잘 모르겠지만, 저 때문에 엄마 아빠가 많은 걱정을 하신 일도 있대요,"

그랬있지. 혹시 아프기라도 하면 밤에 잠을 자지 못하고 보살펴아 하고, 정말로 힘든 일이야. 그런데 보통 사람들은 다 자라고 나면 그런 일은 다 잊어버리고 **저 혼자서 그냥 자란 것**으로 착각하는 일도 자주 있단다.

"그러면 안 되는 거지요?"

물론이지. 다 크고 나서도 부모님들의 고생을 잊어서는 안 되는 거야. 옛말에 **(허를 뽑아 신바닥을 하고 머리를 뽑아 신총을 꼬아 신을 만들어 신게 해도 부모의 하루아침 공도 안 된다)**는 말이 있단다. 나는 어렸을 때 이 말을 매우 자주 들었단다.

"참 좋은 말이에요, 저는 부모님들이 고생하신 것을 잘 알고 있기 때문에 앞으로 **부모님들의 은혜에 보답할 거예요,**"

그야 당연한 말이고 좋은 생각이야. 그런데 요즘 네 부모들이 너 때문에 마음 쓰고 있는 것이 무엇인지 아니?

교육을 잘 시키는 것이 낳고 기르는 것 못하지 않게 어려운 일이란다.

"아마 제가 공부를 잘하도록 하시려는 걸 거예요,"

잘 알고 있구나. 모든 부모들은 다 자기의 자녀들이 공부를 잘하기를 바라고 있단다. 너는 책만 읽거나 게임에 몰두하여 **학교 공부는 소홀히 하는 일이 자주 있어 걱정이라더라.**

"요즘은 많이 달라졌어요, 학교 숙제부터 해놓고 게임을 하려고 노력하고 있어요, 엄마도 그런 것을 알고 있어요,"

그것 참 좋은 소식이로구나. 제발 숙제와 공부부터 해놓고 다른 놀이를 하려무나. 네가 한 가지 일에 집중하는 것은 좋고도 나쁜 일이라고 했지? 그리고 너도 그것을 알고 있고.

"알고 있어요, 공부할 때는 공부에만 집중하고, 책을 읽을 때는 책에만 집중하고, 놀 때는 노는 데만 집중하고, 그렇게 하라는 거지요?"

그런데 공부하는 데보다 놀이하는데 더 집중할까봐 걱정하는 거야. 공부를 더 많이 하고 **놀이는 틈틈이 해야 하는 거야.** 사실 애들 공부 잘 시키는 것이 부모들에게는 가장 중요한 일이란다. 그래서 대부분의 부모들이 공부시키는 것이 제일 어렵다고들 하지.

"저는 공부도 많이 하는 편인데 엄마가 야단이에요."

공부하는 데는 원래 한계가 없는 거란다. 아무리 많이 해도 **너무 많이 했다고 할 수 없어.** 왠지 알겠니?

"잘 모르겠어요, 왜 공부하는 데는 한계가 없어요?"

그야 공부해야 할 것이 자꾸 늘어나기 때문이야. 학년이 높아지고, 학교가 높아지면 공부할 것이 늘어날 것 아니냐? 잘 들어 봐! 한 가지를 알고 나면 또 다른 것이 알고 싶어지는 거야. 너는 한 가지를 알고 나면 또 묻고 또 묻고 끝이 없이 물어대잖니? 아무 것도 모를 때는 물을 것, 곧 알고 싶은 것이 없단다. 묻는다는 것은 무언가를 알고 있다는 증거야.

모르면 물을 수도 없단다.

"그런 예를 들어봐 주세요."

가령 네가 자동차를 몰랐을 때에는 자동차가 왜 굴러 가는지를 알려고 하지 않았어. 그런데 자동차를 알고 나서는 〈자동차는 왜 굴러가느냐?〉 〈엔진은 어떻게 만드느냐?〉 하는 것 등 끊임없이 묻고 싶은 것, 곧 알고 싶은 것이 생기게 되는 거지. 그래서 **앎에는 한계가 없다**는 거야.

"정말로 그래요, 저는 하나를 알고 나면 자꾸자꾸 알고 싶은 것이 생겨요."

그러니까 어떻게 해야 하겠니? 공부를 많이 해야 하지 않겠니?

"저한테 공부를 많이 하라고 밀어주시는 엄마 아빠가 참 고마우신데요."

그래, 자기 자녀들에게 공부를 많이 시키려는 부모는 정말로 고마운 부모님들이셔. 그런데 병민아, 네 부모들은 다른 부모들과는 크게 다른 점이 있을 거야.

"크게 다르다니요? 어떤 점이 달라요?"

다른 부모들은 자기 자식이 공부, 곧 **시험점수**를 잘 받도록 하려고 야단이지만 네 부모들은 그렇지를 않을 거야. **점수보다 그냥 공부를 많이 열심히 하라고만 격려해 줄 거야.**

"예, 알겠습니다. 그런데 저는 시험점수는 언제나 좋은 편이에요, 학급에서 수학시험을 쳤는데 저 혼자서 만점을 받은 일도 있어요, 그리고 학교 밖의 수학경시대회에서도 **금상**도 받았어요."

그래? 드디어 네 재능이 드러나는가 보다. 그렇지만 지금의 성적에 만족해서는 안 된단다. 일생을 살아가는 동안에 **제일 경계해야 할 것은 자만**이야. 이말 잊지 말고 꾸준히 노력해라!

말이 또 빗나간 것 같다. 효도문제로 되돌아가자. 소학을 잘 외우고 있으니 효도하는 방법을 잘 알고 있겠구나. 앞에서도 잠깐 말한 것 같다만, 다시 한 번 이야기해보자. 고마운 부모님들에게 어떻게 해야 하겠니?

효도란 부모를 공경하고, 옳은 말씀은 잘 듣고 실천하는 거란다.

"부모님께 효도해야지요."

너 효도를 어떻게 하는지 알고 있니?

"소학에도 효도에 관한 말은 많이 있어요. 그 말을 알아도 구체적으로 어떻게 해야 하는 지는 잘 모르겠어요. 할아버지께서 가르쳐 주세요."

그러자구나. 보통 노인들이 효도라는 말을 하면 케케묵은 말이라고 젊은 사람들이 잘 들으려고 하지 않는단다. 소학에 나오는 것이 **지난날의 효도방식이야.** 그래서 오늘날에 맞는 것들도 있지만 **이젠 실천할 수 없는 그런 것들도 많아.** 그러나 병민이 할아버지는 노인이기는 해도 케케묵은 구식 이야기는 하지 않을 거야. 왠지 아니?

"그야, 할아버지께서는 벌써 40년이나 전에 독일에서 공부를 하셨으니, 매우 현대화되신 할아버지니까 그렇죠."

그럼 내 이야기 귀 기울여 잘 들어바라. 그리고 네 마음에 안 드는 말을 하거나 모르는 말을 하거든 언제든지 질문도 하고.

"부모님의 마음을 평하게 해주는 것이 요즘의 효도야"

"예, 그러겠습니다. 이제 설명해주세요."

전통적인 효도란 부모를 공경하고, 잘 **봉양해야 하는 것**이었단다. 그 방법이 소학에 자세히 나와 있지? 그것들 중에는 오늘날 우리가 할 수 있는 것들도 있고, 할 수 없거나 필요치도 않은 것들도 있단다. 너도 알겠지?

"예, 할아버지, 그런데 잘 **봉양한다**는 말씀은 무슨 뜻이에요?"

옛날 사람들은 부모를 공경할 뿐만 아니라 **좋은 음식을 대접하고, 좋은 옷을 입혀드리고, 편안하게 주무시게 해드려야 효자였단다.**

"그럼 자식들은 돈을 많이 벌어 부모님을 위해 많이 써야 했겠는데요?"

옛날에는 그랬단다. 그런데 요즘에 와선 효도가 많이 달라졌어. 요즘의 효도는 매우 쉬워졌어. 어려운 것이 아니야.

"효도가 어떻게 달라졌는데요?"

우선 요즘의 부모님들은 대개 자기가 먹고 살 것은 걱정을 하지 않아도 될 노인들이야. 그래서 좋은 옷과 좋은 음식으로 봉양하기보다 **부모님의 속을 썩이지 않으면 되는 거야.**

"부모님의 속을 썩이지 않으려면 어떻게 하면 되나요?"

그건 네가 잘 알 텐데. 우선 너는 초등학생이니까 **학교에 열심히 잘 다니고, 배운 것을 잘 알아듣고, 공부도 열심히 해서 보다 좋은 상급학교에 들어가는 거야.**

"공부만 잘 하면 효도를 하는 건가요?"

그렇지만은 않지. 너는 몸이 튼튼하지 못하니 부모님들이 걱정하시지? 부모님들의 마음을 편하게 해드리려면 어떻게 하면 되겠니?

"제 몸을 튼튼하게 가꾸려고 **노력해야 하겠지요**, 그리고 집에서 주는 음

식이나 학교에서 주는 음식도 잘 먹고, 키도 크고 튼튼해야지요."

바로 그거다, 네 엄마 아빠는 네가 음식을 잘 먹지 않아 항상 속상해하고 있지? 앞으로는 부모님이 속상하지 않도록 잘 먹고 튼튼한 어린이가 되도록 해라. 그러면 네 엄마 아빠가 걱정할 일이 없어질 거야. 그러면 너는 **효자**가 되는 거지.

"잘 알았습니다. 앞으로는 음식도 잘 먹고, 공부도 잘하고, 운동도 열심히 해서 튼튼한 어린이가 되도록 하겠습니다. 그리하여 효자가 되겠습니다."

그래, 병민아! 너 **소학**을 잘 외우고 있다고 했지?

"예, 할아버지."

앞에서도 말했지만 **소학**은 효도에 관한 것부터 시작하지? 부모를 공경하고 은혜에 보답하라는 것 이외에 부모님께 걱정을 끼치지 않기 위해 꼭 해야 할 일 한 가지가 더 있을 거야. 생각나면 말해보려무나! 요즘 세상에 꼭 필요한 거란다!

"으...으, 생각났어요. 약고서적/ 불복동왕/ 출필고지/ 반필배알/(若告西適 不復東往 出必告之 返必拜謁) 말씀이시죠?"

그래! 참 잘 외고 있구나. 그런데 너 그 뜻을 새길 수도 있겠지?

"물론이에요. 제가 소학을 다 외었다고 했잖아요! 뜻도 잘 알고 있어요. <서쪽으로 간다고 말씀드리고서/ 동쪽으로 가지 말라./ 나갈 때는 반드시 말씀드리고/ 돌아와서는 반드시 아뢰라>에요."

병민아! 너 참 대단하구나. 요즘 세상은 하도 험악해서 이것을 반드시 실천해야 하는 거야. 네가 1학년 때 태권도장에 갔다가 그냥 친구 집에 가버려서 우리가 너를 찾아 온 동네를 다 찾아 헤맨 일이 있잖니?

"네, 할아버지! 그 일 이후 친구 집에 갈 때는 반드시 집에 전화라도 하잖아요."

그래, 그러지 않으면 어른들이 얼마나 걱정하는지 너도 잘 알고 있지? 앞으로는 언제나 너의 향방을 잘 알려줘야 하는 거야.

"예, 꼭 그렇게 하겠습니다, 할아버지!"

병민아, 그리고 또 한 가지 말할 것이 있다.

"뭔지 말씀해주세요."

부모들뿐만 아니라 동네 어른들도 공경해야 한단다. 소위 경로사상이란 말 들었지? 노인들을 공경하는 사상은 우리나라의 자랑거리란다. 나라에서 노인들은 지하철도 무료로 타게 하고 지하철에 가면 경로석도 따로 있잖니. 우리나라가 어른들을 제일 잘 공경하는 것 같아. 그리고 네가 다른 어른들을 공경하면, 그분들의 자손들은 또 나를 공경하지 않겠니? 그러니까 다른 어른들을 공경하는 것은 곧 나, 다시 말해 너의 할아버지를 공경하는 것과 같은 거야!

"알았습니다, 잘 생각해서 올바르게 행동하겠습니다."

11. 남이 살아가는 형편도 알아야 한단다(뉴스 보고 듣기).

TV 뉴스는 좋지 않은 거라고?

병민아! 네가 어린이집에 다녔을 땐 뉴스 보기를 매우 좋아했단다. 네 동생 병욱이가 젖먹이 갓난아이라서 뉴스를 보지 못했을 때, 너는 〈병욱아, 뉴스를 보지 않으면 무식쟁이가 되는 거야. 뉴스 좀 봐!〉라고 호통친 일 기억나니?

"아니요, 그런 기억 없어요. 제가 그런 말을 했어요?"

너는 어리면서도 내가 뉴스를 볼 때면 꼭 내 무릎에 앉아서 뉴스를 보았단다. 그러면서 말도 못하는 병욱이를 뉴스도 안 보는 **무식한 녀석**이라고 야단을 쳤었단다. 뉴스를 보지 않는다고 꾸짖는 네 말이 맞기는 했지만, 젖먹이가 어떻게 뉴스를 보니?

"제가 그랬어요? 무리한 말을 했네요."

그래, 이젠 알겠지? 그런데 여러 번 말했듯이 인간은 남들과 더불어 사는 〈사회적인 동물〉이야. 그러니 **남들은 어떻게 사는지, 세상에는 무슨 일이 생겼는지를 아는 것**은 매우 중요하단다.

"제가 어린이집에 다닐 때까지는 할아버지와 함께 뉴스를 잘 봤잖아요. 그런데 그 뒤 제가 뉴스를 안 본 이유를 할아버지는 잘 알고 계시지요?"

그래, 네가 초등학교에 들어가고 나서 어느 날 **〈뉴스는 참 나쁜 거라서 보지 않겠어요〉**라고 하곤 그 뒤엔 TV 뉴스는 보지 않고 말았지.

"TV 뉴스를 보면 그냥 사람 죽인 것, 도둑질 한 것, 나쁜 짓 한 것 등 나쁜 소식만 나오니 뉴스는 나쁜 거라고 했어요. 맞잖아요? 그래서 이젠 TV뉴스는 안 보는 거예요."

네 말이 맞는 점도 있다. 그래 요즘도 TV뉴스는 보지 않는다는 거지?

나쁜 짓을 안 하려면 뉴스를 안 봐야 해요

"TV 뉴스 많이 보면 나쁜 짓을 따라할 수도 있잖아요. 그래서 요즘은 절대로 안 봐요."

네 말이 참으로 옳고 어른스럽구나. 그런데 너는 TV에서는 뉴스만 안보니, TV 자체를 안 보니?

"요즘은 주말이면 〈성웅 이순신〉만 보는데, 그것도 엄마 아빠와 함께만 봐요. 그 드라마는 좋은 것이지만 보호자와 함께 보도록 되어 있잖아요."

그래 네가 참 잘 하고 있구나. 그리고 네 부모도 잘 지도하고. 큰 다행이야.

"그런데 TV 대신에 미국에서 사온 비디오는 가끔 봐요. 영어도 안 잊어버리고 내용도 참 좋아요. 따라서 배울 것이 많고 재미도 있고, 이것은 일거양득이에요."

그거 정말로 일거양득이겠구나.

뉴스 곧 소식에는 TV 뉴스만 있는 것이 아니지 않느냐?

그래 네 말 잘 알아들었다. 그러면 너는 소위 세상 돌아가는 것을 무엇으로 아니?

"아직 세상 돌아가는 일엔 관심이 별로 없어요. 앞으로 어린이신문이나 하나 받아보았으면 좋겠어요."

어디서 어린이신문 본 일 있니?

"친구네 집에서 어린이신문을 한 번 보았는데 그것도 재미있는 것 같았어요. 또 어린이 신문에는 가끔 좋은 과학이야기들이 나온대요. 그래서 관심이 쏠려요."

그럼 당장이라도 어린이신문 하나 받도록 해달라고 엄마께 말씀드리려무나. 그리고 어린이 잡지도 하나 사달라고 하고! 아마 이런 것을 읽으면 게임보다 더 재미있고 더 좋겠지.

"정말로 그럴까요?"

아마 그럴 거야. 그리고 신문이나 잡지를 읽으면 **상식이 풍부해질 거야.** 학교 공부도 중요하지만 사람은 자기에게 알맞은 **상식**은 충분히 갖추고 있어야 하는 거야. 세상일을 많이 알고 있는 사람을 보통 **상식이 풍부한 사람**이라고들 하지.

"그런데 어린이 신문들에도 시시한 것들이 너무 많대요, 할아버지는 TV나 잡지, 신문 등에 실린 나쁜 기사도 보셨지요?"

그래, 가끔 본 일이 있어.

"나쁜 기사들을 읽고 그 흉내를 내어 나쁜 짓하는 어린이들도 많고 어른들도 많대요, 할아버지는 그런 이야기들을 많이 아시겠지요?"

그래, 세상에는 그런 일들도 가끔 있단다. 어린이들뿐만 아니라 어른들도 알아서는 안 될 나쁜 짓들을 방송이나 신문 잡지 등이 마구 전하는 것은 **어린이들에게 독을 먹이는 것과 같은 거야. 정말로 나쁜 거야.**

"그래서 방송이나 신문 잡지 등도 조심해서 읽어야 하는 거지요?"

그래, 네 질문이 참 좋구나. 바로 내가 너한테 이야기하려던 것이야. 우리에게 소식을 전해주는 여러 가지 것들을 〈**대중매체**(영어로는 "매스컴")〉라고 하는데, 우리는 이 매체들을 대할 때 정말로 조심해야 해.

살인강도사건
학원폭력!!
매매춘알선

언론매체들은 조심해서 읽어야 한단다.

"어떻게요?"

매체에 난 소식(**정보**라고도 해)을 무조건 믿기만 하면 안 되는 거야. 그 소식들 중에는 잘못된 것들도 있기 때문이야.

"방송과 신문 그리고 잡지에도 좋지 않은 것들이 많잖아요?"

네가 앞에서 이미 말한 것처럼 많이 있단다. 언론매체들은 언론의 자유를 내세우면서 마구 보도를 하는데 그 중에는 보도하지 않았으면 하는 것들이 많아. 그리고 사실을 전한다면서 잘못된 것을 전하는 일도 자주 있단다.

"사실이 아닌 것을 전하다니요?"

신문들을 보면 **(바로 잡습니다)**라는 난이 있어. 전날의 잘못된 기사가 발견되면, 그 잘못을 바로잡는 난이야. 그러니 사실과 다른 것을 잘못 전했다는 것 아니겠니?

"그럼 보도들을 어떻게 받아들여야 하나요?"

어려운 말로는 **비판적으로** 읽고 받아들여야 하지. 이 비판적이란 말은 보도되는 것을 아무런 생각도 하지 않고, 곧 비판도 하지 않고 그냥 믿어버려서는 안 된다는 거야. 어려운 말이니?

"예, 어려운 말이에요, 예를 들어서 잘 설명해주세요!"

그러자구나. 예컨대 〈어떤 학교의 어린이가 2층에서 떨어졌는데도 크게 다치지 않았나〉는 기사가 있으면, 그것이 정말일까? 2층에서 떨어졌는데 다치지 않을 수가 있을까? 이 보도를 보고 일부러 2층에서 떨어

지려는 어린이들은 없을까? 같은, 생각해봐야 할 여러 의문들을 제기하고
곰곰이 **생각해보는 거야.**

"정말로, 이런 기사 읽으면 자기의 용기를 과시하기 위해 일부러 2층에
서 뛰어내리는 어린이들도 있을 것 같아요, 학교에 가보면 그런 어리석은 어
린이들도 있으니까 말이에요."

충분히 그럴 가능성이 있을 거야. 그래서 언론보도는 애초부터 신중
해야 하고, 그 보도가 미칠 **영향도 따져보고** 보도를 해야 하지.

지금 말한 문제는 자기 혼자의 문제니까 그래도 낫지만 남을 해치는
기사가 난다면, 남을 해치는 어린이도 생길는지 모르지.

"그런 것을 예를 들어주세요."

요즘 사회적으로 크게 문제되고 있는 **(집단 따돌리기)**나 〈일진회〉
같은 것에 관한 보도가 그런 거 아니겠니?

"일진회가 뭐예요?"

여러 학교에 있는 폭력단체의 명칭이야. 이것이 나쁘다고 보도를 하
면 이것을 읽은 사람들 중에는 오히려 자기도 그런 것을 만들려고 하는
학생도 생길 수 있어. 그래서 나쁜 것을 없애려는 좋은 뜻으로 한 보도가
나쁜 결과를 가져오는 일도 있는 거야.

"그러니까 보도는 신중해야 하겠어요."

물론이지, 보도를 할 때는 읽는 사람들에게 미칠 영향도 충분히 생
각하고 보도를 해야 하는 거야. 그리고 읽는 사람들도 그 내용을 **잘 생각
해보고** 믿어야 할 것과 믿지 않아야 할 것을 잘 구별해야 하는 거야. 그
러나 무엇보다도 보도를 하는 **언론들이 어린이를 생각하여 신중하게 보도**

해야 할 거야.

"할아버지, 저는 앞으로 잘 생각해서 언론을 비판적으로 보고 읽겠습니다."

현대는 매스컴의 시대 또는 매스컴의 세기라고도 한단다.

헌데 병민아! 뉴스는 좋지 않은 것보다 그래도 좋은 것이 더 많아. 그러니 처음부터 뉴스는 나쁜 거라고 단정하고 읽지 않거나 보지 않으려는 것은 큰 잘못일 수 있어. 뉴스를 받아들이지 않으면 현대사회를 살아갈 수가 없을 거야. 그러니 어려서부터 뉴스를 잘 받아들이는 훈련을 해야 하는 거야.

"저는 엄마 아빠가 잘 지도해주기 때문에 크게 걱정하지 않고 뉴스를 보고 들어도 될 것 같아요. 이젠 겁내지 않고 또 싫어하지도 않고 뉴스를 대할 겁니다. 다만 잘 생각해보고요."

정말로 그래야 되는 거야. 현대인들은 바로 뉴스의 홍수시대를 살고 있는 거야.

"할아버지, 뉴스의 홍수시대란 무슨 뜻이에요?"

비가 많이 와서 물난리가 나는 것을 홍수라고 하지. 곧 물이 넘쳐흐르는 것을 홍수라고 한단다. 그러니 뉴스(매스컴)의 홍수라는 말은 세상에 매스컴이 넘쳐흐른다는 뜻이야.

"무슨 말인지 알겠어요. 그러니 우리는 지금 매스컴의 시대를 살고 있군요."

그렇단다. 그러니 이 매스컴을 잘 따라 가지 못하면 시대에 뒤처지는 거야. 그래서 내가 너에게 뉴스를 잘 보고 들으라고 권하는 거야.

"그러면 매스컴을 공부하는 기관도 있었으면 좋겠어요, 그런 곳은 없나요?"

그런 곳이 있지. 바로 대학의 **〈신문방송학과〉**가 그런 곳이야. 이 학과는 매스컴에 종사할 전문가들을 양성하는 곳이야. 그렇지만 너는 아직 대학에 갈 수 없으니 지금처럼 신문 읽기와 방송 보고 듣는 것만 배우면 돼!

"그래도 우리 어린이들도 신문방송학을 배울 수 있었으면 좋겠어요, 제가 이미 철학을 배운 것처럼 말이에요."

참 좋은 생각이다. 앞으로 어린이들이 읽을 수 있을 쉬운 매스컴 책이 나왔으면 좋겠다. 아마 그런 책이 나올 때가 있을 거야. 헌데 병민아! 너 요즘 대학에서 가장 인기 있는 학과가 무슨 학과인줄 아니?

"저는 아직 대학에 관해서는 아는 것이 없잖아요."

그럴 거야. 그럼 내가 너에게만 미리 살며시 말해줘야 하겠구나. 바로 신문방송학이 제일 인기 있는 학과야. 따라서 들어가기가 매우 어려운 학과야. 이번 세기를 매스컴의 세기니, 매스컴의 시대니 하고 야단들이니 사람들이 그런 공부를 하고자 하는 것은 당연한 일이 아니겠니?

"그렇겠습니다, 앞으로 제가 대학에 갈 때 신문방송학과로 가도 좋겠는데요!"

그것은 그때 가서 생각해 보려무나. 아마 너는 그 때 가서도 과학을 하겠다고 할 걸. 하긴 **과학기자**가 돼도 좋겠지! 아직 시간이 많이 남았으니 두고 보자구나. 신문방송학을 전공하기에 앞서 신문과 방송을 잘 읽고 들어 너의 교양을 충분히 쌓기나 하려무나.

"예! 저는 보도를 잘 생각해서 읽고 듣고 교양을 넓히겠습니다."

12. 더불어 사는 지혜도 갖춰야 한단다(공중도덕).

조그만 질서는 스스로 지켜나가야 한단다.

병민아, 인간은 남들과 더불어 살아간다고 여러 번 말했었지?

"예, 그렇습니다. 그런데 많은 사람들이 함께 사니, 여러 가지 좋지 않은 일이 생기지요? 소위 인간은 **약육강식을 하는 동물**이라고 하셨잖아요?" (〈철학이 뭐예요?〉에서)

그래, 인간은 원래 **이기적인 존재**야. 다시 말해 자기의 이익만 챙기려는 자라는 거야. 그러니 힘이 센 사람이 많은 것을 차지하고, 심지어

약한 사람을 잡아먹기(망하게 하기)까지 하려고 한다고 했었지?

"예, 그래요. 그래서 국가가 생겨나고 왕이 생겨나서 나라 안에 질서 곧 법률을 세우고, 사람들이 약육강식을 못하게 했다고 하셨어요. 이 말은 지난 번 〈철학이 뭐예요?〉에서 잘 배웠어요."

그래, 네가 잘 기억하고 있구나. 큰 다행이야. 그런데 나라 안의 **큰 잘못은 법률로써 다스리지만** 조그만 일들은 일일이 법률로써 다스릴 수는 없단다.

"그러면 어떻게 해야 돼요? 법률로써 해결하지 못하면 약한 자는 곤란할 텐데"

그래, 걱정이지? 그러나 걱정할 필요는 없단다. 법률 대신에 사회의 질서를 바로잡아주는 것이 있단다.

"그것이 뭐지요? 아! 도덕이에요!"

그래 **도덕**이야. 이럴 때의 도덕을 더 풀어서 **공공질서** 또는 **공중도덕**이라고도 해. 이것을 더 쉬운 우리말로 하자면 **(더불어 살아가는 지혜)**라고 하면 더 좋을 거야. 어린이들이 잘 지켜야 할 공중도덕의 예를 들어 설명해보기로 하자.

공중도덕의 구체적인 보기

"그렇게 해주세요. 공공질서니 공중도덕이란 말은 자주 들었지만."

네가 어린이집에 다닐 때 길 건너는 법 배웠지? **(사람은 왼쪽 차는 오른쪽!)**

"알겠어요. 사람이 길을 갈 때는 왼쪽으로 다니고, 자동차는 오른쪽으로 다니는 것 말씀이시죠?"

그래, 이런 것도 공중도덕의 한 가지란다. 그리고 교통질서(교통법규)의 한가지이기도 하단다.

"아, 그리고 〈그린-고, 레드-스톱〉 같은 것도 배웠어요."

그래서 파란신호가 떨어지면 네가 손을 치켜들고 길을 건넜지?

"교통질서 또는 법규는 무슨 뜻이에요?"

아, 그래, 교통질서는 단순히 공중도덕이기도 하지만 법률이기도 해.

"공중도덕과 법규는 어떻게 다른가요?"

원래 도덕이라 하면 그것을 어겨도 처벌이 없지만, 법규라 하면 그것을 어겼을 때 처벌을 받게 되는 거지. 가령 신호를 무시하고 길을 건너면 도덕적으로도 잘못이지만 법률적으로는 처벌도 받을 수 있는 거야.

"아, 전에 〈철학이 뭐예요?〉에서 배운 기억이 나요, 도덕에는 처벌이 따르지 않고 비난만 따르고, 법률에는 처벌이 따른다고요!"

그래 잘 기억하고 있었구나.

"그래요! 그리고 또 다른 공중도덕도 말씀해주세요."

아니, 교통질서에서 한 가지 더 말하고 넘어가자구나.

"그게 뭐예요? 말씀해주세요."

너는 학교가 가까워 대중교통을 이용하지 않아서 잘 모르는 일일 거야. 대중교통 곧 버스나 전철 같은 것을 이용할 때에는 기다리는 순서대로 줄을 잘 서야 하지. 이것도 매우 중요한 공중도덕이야. 그리고 극장에 가서 표를 살 때에도 사람들이 많으면 줄을 서서 기다리다가 자기 차례에

표를 사야 하는 거야.

"아하, 참 좋은 말씀이네요, 줄을 서지 않고 옆에서 끼어드는 것을 **새치기**라고 하지요?"

그렇단다. 새치기를 하는 사람들을 **염체족**이라고 해. 염치가 없는, 곧 **부끄럼을 모르는 사람**이란 뜻이야.

"교통도덕에서 더 하실 말씀이 없으시면 다른 도덕을 말씀해주세요!"

그러자구나. **길거리에서 침을 뱉어서는 안 되지?** 또 **휴지나 여러 가지 쓰레기를 버려서도 안되지?** 이런 것도 공공질서 또는 공중도덕이야. 하긴 이런 것도 심하게 다루자면 처벌이 따르게 되는 법률문제이기도하지만 말이다.

남에게 해를 끼쳐서는 안 되는 거야.

"아하, 그렇군요."

공중도덕은 그 가짓수를 헤아릴 수 없을 만큼 많아. 그래서 하나하나를 다 말해줄 수는 없을 것 같아. 다만 **사람들이 잘 생각만 하면 다 알 수 있고 잘 지킬 수 있는 일이란다.**

"잘 생각만 하면 다 알 수 있다고요? 좀 더 자세히 설명해주세요!"

자기가 어떤 일을 할 때 이 일이 **남에게 해를 끼치지 않을까 하는 것을 알고,** 해를 끼칠 일은 하지 않으면 되는 거야! 그러니 **공중도덕이란 남에게 해를 끼치지 않기 위해 지켜야 하는 거야.**

"그런데, 할아버지! 공중도덕을 지키지 않는 어른들이 참 많아요, 길거

리에 침을 뱉는 사람들도 많고, 특히 담배꽁초를 버리는 사람들이 많아요, 길거리에 한 번 나가보세요, 온 길거리에 담배꽁초 투성이예요, 할아버지도 그런 것은 보셨지요?"

그래, 나도 그런 것 자주 봤다. 어른의 한 사람으로서 너에게 민망하구나. 나는 어린이는 **어른의 거울**이란 말을 자주 하는데, 어린이들이 좋지 못한 행동을 하는 것은 오로지 어른들의 잘못을 닮아서 그러는 거란 뜻이야.

"잘못을 하는 어른들이 없으면 잘못을 하는 어린이들이 없겠다는 뜻이군요?"

바로 그 말이야. 어린이들이 어른들의 나쁜 점을 본받고 닮는 것이 큰 문제야. 정말로 걱정이구나. 너는 앞으로 절대로 그런 거 본받아서는 안 돼!

학교에도 지켜야할 공중도덕도 있단다.

"할아버지, 그밖에도 공중도덕은 많겠어요, 앞에서 말씀하신 〈차는 오른 쪽, 사람은 왼쪽!〉, 이것은 길을 갈 때 매우 중요한 공중도덕이잖아요, 그래서 이미 어린이집에서부터 배워요."

이 문제는 앞에서 이미 말했잖니? 이런 것 정도는 어린이집에서도 가르치고 배우니 여기서 더 말할 필요는 없겠지? 하지만 이런 공중도덕을 아직도 잘 지키지 못하는 어린이는 물론 어른들도 있으니 한심한 일이야.

"저는 길을 갈 때 반드시 왼쪽으로 가요, 그런데 오른쪽으로 오는 어른들과 부딪히는 일이 가끔 있어요, 어른이 나쁜 거지요?"

그렇겠는데. 그런 일이 있으면 그냥 참고 지나가야지, 그 어른에게 대들었다간 도리어 야단을 맞을 걸! 세상에는 좋지 못한 어른들도 많단다. 그런 어른의 본을 받으면 안 돼.

"학교 화장실에서도 좋지 않은 것을 본 일이 있어요. 소변을 바닥에다 눈 어린이도 있는 것 같아요. 바닥이 흥건하게 젖어 있는 일이 자주 있어요."

그런 일이 있을 수 있을 거야. 어린 학생이 급히 오줌을 누려다 그럴 수도 있겠지. 고의적으로 그렇게 했다면 나쁜 것이지만 그렇게 하지 않으려고 했는데 도리 없이 그렇게 됐다면 너그럽게 봐 줄 수도 있지 않겠니?

"또 있어요. 우리 교실에서 공부를 열심히 하고 있는데 복도에서 떠들어 대는 학생들도 가끔 있어요."

그것도 공중도덕을 지키지 않는 것이로구나. 특히 공부시간에 반에서 큰소리로 떠드는 것도 공중도덕을 어기는 거야.

"이런 일은 정말로 없었으면 좋겠어요."

정말이야. 과거에는 학교 안의 여러 곳에 <정숙>이란 표지가 붙어 있었단다. 정숙이란 말 알지?

"예, 조용히 라는 말이에요."

그래 맞다. 학교 건물 안에서는 떠들어서는 안 되는 거야. 운동장에서는 놀라도. 하기야 운동장에서도 남에게 해를 끼칠 정도로 떠들어서는 안 되는 거지만.

공부시간에 엉뚱한 짓을 해서도 안 되는 거야

애, 병민아! 너처럼 **공부시간에 다른 책을 읽는 것은 그래도 나은 것이라고 할까?** 왠지 알겠니?

"왜 그래요?"

최소한 남에게 방해는 되지 않기 때문이야. 아니 열심히 가르치시는 선생님에게는 방해가 되겠구나. 그래서 선생님이 너한테 〈강병민! 너 지금 뭐하고 있니?〉라고 꾸짖으실 거야.

"아직 선생님의 꾸중을 들은 일은 없어요. 요즘은 공부시간에 다른 책 읽지 않아요."

그럼 엉뚱한 생각하고 있는 거겠지?

"요즘은 공부시간에 집중해서 열심히 해요. 그래서 성적도 비교적 좋잖아요. 엄마 아빠가 칭찬도 해주시는데요."

그래, 나는 네 말은 다 믿는다. 실제로 그럴 거야. 애, 병민아 우리 이야기가 다른 데로 흐르고 있구나. 학교에서 지켜야 할 공중도덕은 이쯤으로 해두고, 또 다른 공중도덕에 관해 생각해보기로 하자. 너는 할 말 없니?

어린이들이 지켜야 할 또 다른 공중도덕들

"또 있고말고요. 길거리의 가로수나 공원의 예쁜 나무나 꽃을 꺾거나 가지고 가서는 안 되지요?"

정말로 좋은 거 찾아냈다. 전에 내가 〈철학이 뭐예요?〉에서 말해준 것 중에서 기억나는 것 없니?

"으-으, 아, 이제 생각났어요. 강아지를 길거리에 데리고 다닐 때 똥을 누면 당장 치워야 된다고 하신 것 말씀이시죠?"

그래, 그것도 매우 중요한 공중도덕 중의 한 가지야. 그 똥을 치우지 않으면 남들이 밟게 되고, 밟지는 않는다고 하더라도 더러운 것 아니겠니? 일전에 우리 이웃집의 개 좋아하는 영감이 개를 데리고 가는 데 길에다 똥을 쌌어.

"그래서 어떻게 했어요?"

그런데 그 사람이 그냥 지나가려고 하는 것을 내가 좋게 말해서 치우고 가도록 했단다. 길거리에 개똥을 치우지 않으면서 개를 사랑한다고 하는 사람은 개를 키울 자격이 없는 사람이야. 그밖에도 남에게 해를 끼칠 만한 일은 해서는 안 되는 거야.

"그거야 당연한 말씀이시죠. 저는 남에게 해를 끼칠 만한 일은 절대로 하지 않아요. 할아버지! 그런 걱정은 조금도 하시지 마세요."

그래 나는 네가 공중도덕을 어기는 일을 하리라고는 생각지 않는다. 정말로 믿어도 되겠지?

"저는 믿어도 돼요. 할아버지! 저는 잘 생각해서 행동하는 어린이잖아요!"

그래, 나는 너를 철석같이 믿는다.

13. 돈은 좋은 데 쓰라고 있는 거란다(용돈).

용돈은 쓰라고 주는 거란다.

애들아! 병욱아! 병민아! 오래간만이구나! 오늘 우리 셋이 이렇게 잘 만났구나. 병민아! 병욱이가 같이 있으니 함께 말을 나누도록 하면 어떻겠니?

병욱. "저도 껴줘요! 왜 할아버지는 언제나 형하고만 이야기해요? 앞으로는 언제나 저도 껴주세요, 앞으로 저를 끼워주지 않으시면 할아버지 사랑하지 않을 거예요!"

병민. "예, 할아버지, 병욱이도 같이 해요! 병욱이도 좋은 말 할 수 있을 거예요, 오늘은 용돈에 관한 이야기를 했으면 좋겠어요."

그거 참 좋은 이야깃거린데, 병욱이가 함께 있어 더욱더 좋고! 그래 너희들 요즘 일주일에 용돈을 얼마씩이나 받니?

병민. "요즘 저는 일주일에 5천 원씩 받아요."

병욱. "저는 2천 원씩 받아요, 저는 2학년이라서 2천원이고, 형은 5학년이라서 5천원이에요."

그것 참 잘되었구나! 우리 병욱이와 병민이는 참 좋겠다. 너희들도 이젠 알겠지만 사람이 살아가는 데는 언제나 돈이 필요한 거야, 너희들도 이제 당연히 용돈이 필요하겠지. 그것으로 충분하니?

병민. "돈이야 쓰기 나름 아니에요? 저는 용돈을 쓸 데가 없어요, 그리고 쓸 데가 있어도 쓰지를 않고 저축을 해요."

아니, 용돈은 필요한 곳에 쓰라고 주는 건데 쓰지를 않다니?

병민. "다, 제 목표가 있기 때문이에요, 백만 원을 모을 때까지는 쓰지 않을 거예요."

그것 참 좋은 것 같구나. 그런데 지금 얼마쯤 모였니?

병민. "목표가 80%쯤 이뤄졌어요, 머지않아 목표를 달성할 거예요."

기대가 큰데! 한 번 두고 보자. 그런데 넌 네가 사고 싶은 것이 있으면 어떻게 하니?

병욱. "할아버지, 형은 그럴 때엔 엄마에게 특별 용돈을 달라고 해요."

병민아, 그럼 잘 주시니?

병민. "엄마는 어디에 쓸 것인지를 꼬치꼬치 캐묻고 올바른 데 쓴다면

주세요, 왠지 아세요? 제가 저축을 하고 있기 때문이에요, 엄마도 제가 저축하는 것을 도와주시려고 그러시는 거예요."

병욱이는 받은 용돈을 어디에 쓰니?

병욱. "저는 알맞은데 써요, 가게에서 딱지를 사기도 하고요, 할아버지! 용돈은 좋은 데만 쓰면 되는 거지요?"

그래, 나쁜 데만 쓰지 않으면 되는 거야. 병욱이 네가 용돈을 더 잘 쓰는 것 같구나. 용돈은 쓰라고 주는 것이지 저축하라고 주는 것이 아니니까 말이다.

용돈을 잘 주는 너희들 엄마 참 좋은 엄마로구나. 하기야 너희들도 엄마한테 거짓말을 하지 않고 옳은 짓만 하니 엄마가 너희들을 믿고 있을 거야. 병민아, 너는 돈을 쓰고 싶은 데가 별로 없다고?

남을 돕는 데는 아낌없이 주어요.

병민. "쓰고 싶은 데가 별로 없어요, 그래도 지난번 불우이웃돕기 성금 모을 땐 제가 만 원이나 냈어요, 그런 데 돈을 내는 것은 잘한 거지요?"

병욱. "저도 이웃돕기 성금 냈어요! 그 돈은 제 용돈이 아니라 엄마한테서 특별히 받았어요."

그래, 둘 다 좋은데 돈을 썼구나. 〈철학이 뭐예요?〉에서 말했지만 불행한 사람을 돕는 것은 인간뿐이고, 또 인간 발전의 최고 단계야. 참 잘들 했다. 앞으로도 불행한 사람 돕는 데는 돈을 아끼지 말고 조금 더 많이 내도 돼!

병민. "할아버지, 저는 아무래도 돈을 쓰는 것보다 돈을 모으는 것이 더 재미있는 것 같아요."

병민아, 네가 커서까지 그런다면 **부자**가 되겠는데! 내가 평소에도 자주 하는 말인데 부자가 되는 왕도는 **"근검절약하는 것"**이란다.

병욱. "할아버지, 근검절약이란 무슨 뜻이에요?"

아, 조금 어려운 말이지? **"일은 부지런히 하고 돈은 아낀다"**는 뜻이야.

병민. "아 그래요? 저는 아직 일을 할 수는 없지만 우선 돈이 생기면 아끼기만 할래요, 그래서 어린이 부자가 될래요."

병민아, 부자가 되면 그 돈으로 무얼 하려고?

병민. "앞에서도 말했듯이 가난한 사람들도 도와주고, 돈에 따라 알맞은 좋은 일을 하고 싶어요."

병욱. "할아버지! 저도 좋은 일은 하고 싶어요."

그래, 좋은 생각들이다. 그런데 돈을 모은다고 너무 쩨쩨하게 굴어서는 안 되는 거야. 알맞게 쓸 때는 써야 하는 거야. 가령 친구가 너희들한테 선물을 했다면 너희들도 그 친구에게 선물을 해서 **고마움을 표시해야 하는 거야.**

병민. "물론 저는 그렇게 해요, 앞에서 말한 것처럼 불우이웃돕기를 할 때는 아끼지 않아요, 사실 저한테 만 원은 큰돈이지만 아낌없이 내놨어요."

그래, 잘한 일이다. 그리고 내 말뜻을 잘 알아들은 것 같아 기쁘구나.

부모님이 주시는 용돈은 올바른 곳에 잘 써도 되는 거야

병민. "할아버지! 그런데 병욱이는 저와 달라요, 이 녀석은 2학년이라서 일주일에 2천 원씩 용돈을 받는데 하루에 다 써버리는 일이 있어요, 한꺼번에 백 원짜리 딱지를 스무 개나 사고 마는 거예요, 병욱이한테 앞으로는 그러지 말라고 말씀 좀 해주세요."

그러자구나. **병욱아**, 형 말 잘 들었지? 헌데 **병민**아, 자기가 받은 용돈은 자기 마음대로 써도 되지 않겠니? 나쁜 데만 아니라면 말이다. **내 생각으로는 병욱이가 잘 하는 것 같다. 용돈은 써야 하는 거야!**

병욱. "형, 할아버지 말씀 잘 들었지? 나쁜 데만 아니면 다 써도 되는 거야!"

병민. "할아버지! 그래요? 하긴 병욱이는 용돈을 당장 써버리되 나쁜 데는 쓰지 않아 다행이에요."

딱지 사는 데 말고 어떤 데 쓰기에 그런 말을 하니?

병욱. "할아버지! 제가 한 번은 일주일치 용돈을 몽땅 다 주고 꽃을 사서 선생님께 드렸어요, 좋은 일을 한 거지요?"

병민. "하지만 그 다음에는 자기가 쓸 돈이 없어지고 말았지요, 뭐!"

그래서 그 뒤에 어떻게 됐니?

병욱. "좋은 일 했다고 엄마가 2천 원을 더 주셨어요, 그러니까 저는 선생님께 꽃을 드려서 좋고, 선생님은 꽃을 받아서 기쁘시고, 참 좋은 일이지요?"

그래, 병욱아, 돈은 좋은 데 쓰면 좋은 것이지만 나쁜 데 쓰면 나쁜 것이 되는 거야! **참 좋은 데 썼다!**

어릴 때부터 돈을 좋은데 잘 쓰는 법을 배워야 한단다.

병욱이가 용돈을 당장 써버리는 것은 아직 어려서 돈 쓸 줄을 모르기 때문일 거야. 돈은 어릴 때부터 **쓰는 방법을 잘 배워야 하는 거야**. 병민이도 돈 쓰는 방법을 잘 배워야 할거야. 병민아, 돈은 **모으기보다 잘 쓰는 것이 더 어려운 일**이란다.

병민. "어떻게 쓰면 돈을 잘 쓰는 건데요? 저도 돈을 잘 쓰는 방법을 배우고 싶어요."

앞에서 네 말을 들으니 돈을 모으고, 불우이웃돕기에 내고! 너는 나름대로 돈을 잘 쓰는 거야. 돈을 쓸 데 없이 아무데나 쓰는 것을 **낭비**라고 하지? 낭비하지 않고 **나나 남에게 도움이 되도록 쓰면 잘 쓰는 거야.**

그런데 우리나라는 어린이들이 돈을 쓸 환경이 좋질 않아 문제야.

병민. **"무슨 말씀이세요? 돈을 쓸 환경이라뇨?"**

너희들이 더 어렸을 때, 곧 우리나라에 있었을 때 하루에도 몇 번씩이나 구멍가게에 들렀었지? 그리고 별로 필요치도 않은 것, 곧 사탕, 아이스크림, 등 군것질 거리, 조그만 장난감 같은 것들을 마구 사달라고 했었지? 그런데 미국에서는 어땠니?

병욱. "미국에서는 **구멍가게들이 없었어요**, 그래서 어린이들은 가게에 갈 수도, 갈 필요도 없었어요, 또 군것질도 안했어요, 군것질이래야 부모님들이 슈퍼에서 사다놓은 것을 먹었어요."

그래, 바로 이런 것이 돈 쓰는 환경이야. 우리나라에서는 어린이들을 노리는 구멍가게들이 헤아릴 수 없이 많지? 특히 학교 주변에 말이다.

병민. "정말로 많아요, 저도 전에 우리나라에서 다니던 학교 근처의 구멍가게에 자주 갔었고, 또 집 근처에 있는 가게들에도 자주 갔었어요."

그리고 그 가게에다 책가방을 놔두고 와서 내가 가서 찾아온 일도 있지? 그런 것 기억나니?

병민. "예, 기억나요, 그 때는 제가 1학년이었을 거예요."

그래, 아직도 잘 기억하고 있구나. 네가 그런 짓을 했었단다. 그러니 우리나라 어린이들은 기껏해야 군것질거리나 사는 것부터 배우게 되는 거야. 그러니 돈을 쓰는 좋은 방법을 배울 수가 없는 거야. 그래서 내가 돈을 쓰는 환경이란 말을 한 거란다.

병욱. "할아버지 말씀 잘 알아들었습니다, 그리고 그런 가게에서 파는 것들은 대개 불량식품들이라고 야단이었지요? 불량식품들이 많다고 단속하고 그런 일도 있었잖아요?"

그래 그런 일도 가끔 있었단다. 돈만 벌려는 욕심 많은 어른들이 많아서 문제야. 나도 어른으로서 이런 사건이 있을 때면 어린이들 보기가 민망해진단다.

병민. "구멍가게에서 군것질을 하는 것은 불량식품이 아니라도 좋지 않은 거지요? 그런 군것질하고 나면 집에서 밥을 잘 먹지 않기 때문이에요, 엄마가 언제나 그런 말씀 해줬어요."

참 좋은 말을 해줬구나. 네 엄마 말이 맞아. 그리고 대부분의 엄마들은 자기 자녀들에게 그런 말을 해줄 거야.

병욱. "그렇기 때문에 좋은 식품을 사 먹는 군것질도 실제로는 좋지 않은 거지요, 할아버지 말씀대로 우리나라에는 어린이들에게 좋지 않은 것들을 파는 가게들이 너무 많아요. 돈쓸 환경이 좋지 않은 게 사실이에요."

병욱이 네가 내 말을 잘 알아듣고 내 생각에 동의해주어서 고맙구나. 앞으로는 너도 우리와 함께 이야기꾼이 되어도 충분하겠다.

동생이 돈 쓰는 법도 가르쳐주려무나.

병민. "할아버지, 앞에서 말한 대로 어린이들이 용돈을 마음대로 아무렇게나 쓰는 것은 좋지 않은 거지요? 그런 어린이들이 가끔 있어요."

이유 없이 마음대로 돈을 쓰는 것은 좋지 않은 일이야. 만약에 네 동생 병욱이가 돈을 잘못 쓰면 형인 네가 잘 쓰도록 가르쳐주어야돼. 그렇게 하도록 노력해라! 병욱이는 용돈을 좋은 데만 쓰겠지만!

병욱. "할아버지, 저는 좋은 데만 돈을 써요! 앞에서도 말씀드렸잖아요!"

그래, 나도 잘 알고 있다. 다만 형이 말하는 것을 잘 듣고, 더 좋은 데만 잘 쓰도록 노력해라!

병민. "그래요, 병욱이도 나쁜 데는 쓰지 않아요."

병민아, 병욱이도 **제 용돈은 제 마음대로 쓰도록 놔두려무나.** 일주일에 2천 원 정도를 딱지 사는 데 쓰는 것은 용서해주어도 되지 않겠니? 나쁜 데 쓰면 몰라도. 네가 좋은 데 쓰도록 잘 가르쳐주려무나.

병민. "할아버지, 어린 아이들이 학교 앞 길거리에서 뽑기도 해요. 병욱이도 한 번 그렇게 했는데 제가 앞으로는 절대로 그러지 말라고 했어요. 길거리에서 파는 과자는 먼지가 많이 묻어있어서 나쁜 세균들도 있을 수 있잖아요. 그러니 건강에도 해로운 거시요?"

병욱. "딱 한 번 뽑기를 해봤어요. 재미는 있었지만 형이 하지 말라고 해서 그 다음부터는 하지 않아요!"

그래 잘했다. 길거리에서 뭘 사먹는 것은 안 좋은 거야. 우선 그 음식이 불결해서, 심하게 말하자면 위험할 수도 있지. 병민이는 길거리에서 뭘 사먹는 일은 없겠지?

병민. "저는 길거리에서는 절대로 안 사먹어요, 집에서도 간식을 잘 먹지 않잖아요,"

병욱. "저도 이젠 길거리에서 사 먹지 않아요, 간식은 집에서만 먹어요,"

그래 병민이 너는 모든 것을 잘 안 먹어서 엄마 아빠가 걱정을 많이 하더라. 생명이 있는 것은 그 누구든지 알맞게 먹어야 하는 거야. 그래야 몸도 크고 머리도 좋아지는 거야. 병욱이 용돈 쓰는 거는 네가 잘 가르쳐 주어라.

병욱. 병민. "할아버지, 잘 알았습니다, 잘 생각해서 그렇게 하도록 하겠습니다,"

14. 저축만 해서 손해 본 사람과, 돈을 쓰지 않고
얼어 죽은 사람의 비극적인 이야기가 있단다.

저축한 사람의 비극적인 이야기

애들아, 병욱아, 병민아! 돈 쓰는 이야기로 되돌아 가보자. 병민이는 용돈을 쓰지 않고 저축을 한다고 했지? 그리고 상당히 많은 돈을 모았다지?

병민. "예, 그렇습니다. 아마 이젠 80만원은 넘을 거예요."

대단하구나, 그건 용돈만을 모은 것이 아니지?

병민. "물론이에요, 세뱃돈도 있고, 어른들이 선물로 주신 것들도 합친 거예요."

병욱. "할아버지, 저도 형처럼 세뱃돈과 어른들이 주신 돈을 합쳐서 저축한 것이 있어요."

그래? 그런데 병욱아, 네 저축이 얼마나 되는지 아니? 내가 네 돈을 가져다가 저축한 것이 50만원이 된단다. 너는 몰랐지?

병욱. "저는 몰랐는데요, 할아버지 고맙습니다."

병민아, 네가 몇 년 동안이나 돈을 쓰지 않고 모은 것은 대단한 일이야. 그런데 병민아, 돈이란 원래 쓰도록 있는 거라 했지? 저축만 하도록 있는 것이 아니라는 거 알았지?

애들아! 돈을 생기는 대로 마구 써버린 동생과 저축만 한 형에 관한 재미있는 이야기 하나 해줄까? 이 이야기는 평화시대에는 있을 수 없는 이야기야. 세계 제1차 대전때에 독일에서 있었던 이야기란다.

〈형은 돈이 있으면 아껴 쓰고 나머지 돈은 모두 은행에 저축을 했어. 오랫동안 저축을 했더니 매우 큰 돈이 되었어. 그래서 그는 매우 만족하고 있었단다.

그런데 그 동생은 형과 반대로 돈만 있으면 맥주를 사마시는 데 다 써버렸어. 지하실에 있는 창고에는 재산 대신에 빈 맥주병만 그득히 쌓여 있었어. 그리고 은행에는 저축이 한 푼도 없었어.

그런데 독일이 전쟁에 져버렸어. 그러니 물자라곤 아무것도 없었어. 먹을 빵도 없고, 공장에서 물건을 만들려고 해도 재료가 하나도 없었지. 그러니 돈이 아무런 필요가 없어져버렸어. 소위 **인플레이션**이 심해서 돈이 휴지처럼 가치가 없어져버리고 만 거야.

참으로 비극적인 일이었지만, 형이 모았던 그 많은 돈은 겨우 빵 몇 개를 살 정도밖에 되지 않았어. 그런데 저축은 하지 않고 맥주만 마시고 병만 모아두었던 동생은 큰 때를 만났던 거야. 공장에 쓸 유리병이 지하에 그득히 쌓였으니 그는 졸지에 큰 부자가 되어버린 거야.〉

병욱, 병민. "참으로 비극이었군요?"

비극이었지! 전쟁이 이렇게 사람의 운명을 뒤바꿔놓았던 거야. 그리고 정의롭지도 못하지? 저축을 한 형은 거지가 되고 술만 마신 동생은 부자가 되고. 물론 이런 일은 언제나 있는 일은 아니야. 저축을 해서 망한 하나의 웃지 못할 극단적인 예에 지나지 않아.

병민. "저는 이 이야기 듣고 실망했어요. 하지만 정상적인 때는 저축을 해야 좋은 거지요?"

물론이지. 앞에서 말했듯이, 이런 경우는 몇 백 년 만에 한 번 있을까 말까한 일이야. 그러니 너는 걱정 말고 계속해서 저축을 하려무나. 돈을 쓰는 방법 중에 제일 좋은 방법은 저축하는 거야.

그런데 내가 여기서 내가 직접 겪은 이야기 하나를 또 해주어야겠다.

병욱. "할아버지, 꼭 해주세요!"

인플레이션은 빚진 사람에게는 제일 좋은 거야

일제강점기에 나와 가까운 사람이 너무 가난해서 학비를 대기가 힘들었어. 그래서 은행에서 빚을 얻어서 공부를 했단다. 그는 공업학교에

134 잘 생각하는 어린이가 될 거예요!

다녔었지. 그런데 일본이 전쟁에 지고나자 우리는 해방이 되었고, 또 세상이 혼란하여 물가가 마구 뛰었어. 이른바 인플레이션이 된 거야. 그 때 은행 빚을 갚으려니 매우 쉬웠단다. 왠지 알겠니?

병민. "왜 그랬어요?"

병욱. "그 이유를 설명해주세요."

물가가 올랐으니 과거에 진 큰 빚이 그 때에는 얼마 되지 않은 액수가 되어버린 거야. 그래서 그는 학교에서 쓰던 공작 도구를 팔아 그 빚을 한꺼번에 갚고도 남을 정도였단다. 인플레이션이 이렇게 그를 도왔던 거야. 몇 년간의 학비를 공작 도구 한 상자로 다 갚을 수 있었던 거야. 전쟁에 진 독일과 같이 전쟁에 진 일본두 인플레이션이 되었기 때문이었어!

병민. "인플레이션은 무서운 거군요, 저처럼 돈을 저축하는 사람들에게는 말이에요! 돈을 마구 쓰는 사람들에게는 구세주가 되고, 저처럼 돈을 저축하는 사람에게는 악마가 되니 말이에요."

네 표현이 참 재미있구나. 그래, **인플레이션은 무섭기도 하고 좋기도 하단다.** 그러니 돈을 저축하는 것도 잘 생각해서 할 일이야. 인플레이션이 심할 때는 저축을 하면 손해를 보는 거야! 이쯤 해두고 한번 더 물어보고 싶구나. 너는 돈을 저축하여 무엇에 쓰려고 하는 거니?

병민. "앞에서 말씀 드린 대로 좋은 일에만 쓰려고 해요, 가난한 사람들을 도와주거나, 친구들 중에 못사는 사람이 있으면 도와주기도 하고, 좋은 일을 하려면 헤아릴 수 없이 많은 곳이 있을 거에요."

병욱. "할아버지! 할아버지! 저도 그렇게 할 거에요!"

그래, 너희들 생각이 너무 좋구나.

병민. "아! 참 돈이 매우 많으면 고모할머니처럼 대학에 기부도 하고 싶어요."

너는 앞으로 부자가 될 것이고, 또 부자가 되면 틀림없이 그런 좋은 일을 할거야. 나는 정말로 너를 믿는다.

병민. "할아버지, 저를 믿어도 돼요, 저는 그렇게 생각하고 그렇게 할 테니까요."

돈을 안 쓴 사람의 비극적인 이야기의 한 가지 보기.

"애들아! 돈을 쓰지 않은 슬픈 보기를 한 가지 이야기해줄까?"

병욱, 병민. "예, 해주세요!"

이것 역시 독일에서 있었던 이야기다. 나는 독일에서 오래 살았기 때문에 독일에 관한 이야기를 많이 안단다. 내가 독일에 있었을 때의 실화야.

〈어느 해 초겨울, 유명한 대학도시 하이델베르크라는 도시에서 있었던 일이야. 거기에는 유명한 거지 영감이 하나 있었어. 그는 하루 종일 동냥해서 번 돈으로 음식도 최소한도로 사먹고 잠은 공원의 벤치에서 자곤 했단다. 그런데 어느 초겨울 날에도 돈이 아까워 추위를 무릅쓰고 그냥 공원벤치에서 잤단다. 그런데 문제가 생긴 거야. 그 영감이 얼어 죽어 버렸어.〉

병욱, 병민. "참 불쌍한 영감이군요."

그런데 경찰이 그 영감의 시신을 검사하기 위해 옷을 벗겨보니 누더기 옷 구석구석에 어마어마한 돈이 들어있었다는구나. 우리 돈으로 쳐서 1억 원도 넘었다나. 그런데 그 영감은 돈을 쓰지 않고 얼어 죽어버린 거야.

병민. "이상한 사람이네요, 왜 돈을 가지고 있으면서 굶주리고 얼어 죽었을까요?"

그 영감은 앞에서 이야기한 형처럼 1차 대전 전에 은행에 저축을 했다가 왕창 망한 일이 있었다는 거야. 은행에 저축했다가 휴지뭉치만 남게 된 그런 비극 말이다. 그래서 그는 다시는 은행도 믿지 않고 돈이라는 돈은 모두 제 몸에 직접 지니고 있었다는 거야.

병욱. "할아버지! 몸에 지니고 있어도 돈 값은 떨어지는 건데 참 바보 같은 생각을 했네요! 그렇잖아요?"

그래, 병욱이 너 말이 옳다. 이 영감은 병욱이만도 못했나보다.

병민. "은행을 못 믿어서 저축은 안 하더라도 의식주는 해결하면서 돈을 가지고 있었어야지요, 먹지도 않고, 입지도 않고, 살 집도 없으면서 돈을 모으는 것은 매우 이상한 일이에요."

병욱. "형, 의식주가 뭐야?"

병민. "옷과 음식과 집을 말하는 거야!"

그래, 너희들 말이 옳다. 사람이 돈을 버는 것은 우선은 괜찮은 집에서 깨끗한 옷을 입고 알맞게 먹고 살기 위해서야. 그런데 이 영감은 잘 먹지도 않고, 깨끗한 옷도 입지 않고, 집도 없으면서 돈만 모으다가 자기도 모르는 사이에 얼어 죽고 만 거야. 큰 비극이지?

병민. "정말로 큰 비극이에요, 돈을 많이 가지고 있으면서 얼어 죽다니요, 말도 안 되는 소리에요."

그래서 하는 소린데 너도 저축을 한다고 너무 지나치게 돈을 쓰지 않으면 안 되는 거야. 쓸 데가 있으면 알맞게 써야하는 거야. 너는 저축한 돈을 좋은데 쓰려는 목표가 있어서 다행이지만!

병민. "할아버지, 제가 용돈을 다 저축한다고 해서 돈을 하나도 안 쓰는 줄 아세요? 용돈은 저축을 하고 꼭 필요한 것이 있으면 엄마한테서 특별용돈을 따로 받는다고 했잖아요."

그래? 이놈! 이제 내가 네 비밀 하나를 알았구나. 그리고 나한테서도 돈을 받는 일도 가끔 있잖니?

병욱. "저도 형처럼 할래요, 용돈은 저축하고 특별용돈으로 뭐 사고!"

그런데 얘들아! 앞으로는 너무 저축만 하려고 하지 말고 용돈으로 필요한 것은 사고, 남에게 꼭 주어야 할 때에는 주고 그러려무나.

원래 우리나라 말에, 〈돈을 벌기보다 쓰는 것이 더 어렵다〉는 말이 있어. 정말로 돈을 좋은 곳에 잘 쓰는 일은 어려운 일이야. 그래서 **어릴 때부터 돈을 잘 쓰는 방법을 잘 배워둬야 하는 거야!**

병민. "예, 잘 생각해서 그렇게 할게요!"

병욱. "저도 그렇게 할 거예요,"

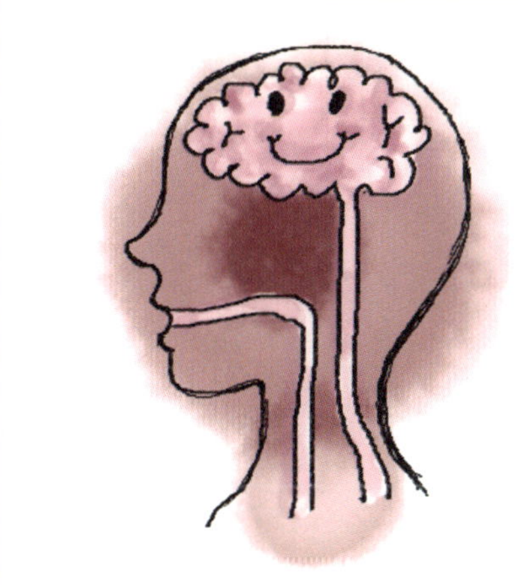

15. 식사 때는 잘 먹어야 하고, 식사예절 잘 지켜 야한단다.

밥을 먹어야 생명이 유지된단다.

오늘도 우리 셋이 만났구나. 셋이서 함께 이야기하는 게 좋겠지? 앞으로는 언제나 셋이서 이야기 했으면 좋겠구나. 우선 너희들이 물어보고 싶은 것 있으면 물어봐!

병민. "할아버지, 저는 엄마 아빠에게 꾸중 듣는 일은 거의 없는데, 식사 때만 되면 야단을 맞아요."

왜 그러니?

병민. "밥이 먹기 싫어서 잘 안 먹거든요, 입맛이 없어 밥을 잘 안 먹는데, 야단을 치시니 참 곤란해요,"

나도 대충 알고 있는데 너는 밥을 잘 안 먹는 것이 탈이야.

병욱. "할아버지, 저는 그렇지 않아요, 밥을 잘 먹어요, 엄마 아빠와 할머니도 칭찬해주세요"

병민. "병욱아 너 좀 가만있어! 할아버지, 밥은 억지로라도 먹어야 하는 거예요?"

그걸 말이라고 하니? **밥은 꼭 먹어야 하는 거야.** 그렇지 않으면 생명을 유지할 수가 없고 크지도 않는 거야! 그리고 또 머리도 나빠지고! 그러니 너를 사랑하는 부모님이 걱정을 하지 않을 수 있겠니? 이제 네 부모님들이 걱정을 하는 이유를 알겠니?

병민. "예, 그건 알고 있어요, 저를 사랑하기 때문이에요,"

병욱. "형, 나는 밥을 맛있게 잘도 먹는데, 형은 잘 먹질 않으니 부모님들이 걱정하시는 것은 당연한 일 아니겠어?!"

그래, **병욱이 말이 백 번 옳다.** 얘! 병민아, 너는 과학을 잘 아는 어린이니 한 번 물어보자. 생명이 있는 것들은 무엇으로 그 생명을 유지해나가니?

영양분을 섭취해야 생명이 유지되고 자라기도 한단다.

병민. "그야 영양분을 섭취하여 살아가지요,"

그럼 사람은 무엇으로 영양분을 섭취하니?

병민. "그거야 물론 음식물을 통해서예요."

그걸 잘 알고 있으면서도 음식, 곧 밥을 잘 안 먹으니 네 엄마 아빠가 걱정을 할 수 밖에 없잖니? 한 번 더 되풀이하고 강조해서 말하고 싶구나. 밥을 먹어야 생명이 유지되고, 크기도 하는 것 아니냐? 그리고 머리도 좋아지고!

병민. "물론이지요, 그렇지만 먹기가 싫은 것을 어떻게 해요?"

그게 문제야. 먹기 싫어도 억지로라도 먹어야 할 만큼은 먹어야 하는 거야. 네가 음식을 잘 먹지 않는 것은 네 부모뿐만 아니라, 선생님도 아시고는 걱정을 하시잖니.

병민. "제가 학교 점심시간에 거의 먹지 않고 다 남겨버리니 선생님도 제가 밥을 잘 안 먹는다는 것을 아시는 거예요."

그래, 집에서 아침도 잘 먹지 않고 학교에 가서 점심도 잘 안 먹으니, 부모님이나 선생님이 걱정을 하실 수밖에 없지 않겠니?

병욱. "할아버지, 저는 학교에서도 음식을 잘 먹어요, 그래서 머리가 똑똑한가 봐요."

에끼, 이놈, 병욱아! 네가 음식을 잘 먹는 것은 인정한다. 그리고 똑똑한 것도 인정한다. 그러나 네가 네 자신을 똑똑하다고 하는 것은 안 좋은 거야. 헌데 너는 음식은 많이 잘 먹으면서 몸이 잘 자라지 않은 것이 탈이야.

병민. "할아버지, 할아버지 말씀은 잘 알고 있어요, 미국학교에서도 점심을 잘 먹지 않는다고 선생님이 걱정을 하셨고, 지금 한국의 선생님도 걱정

하셔요, 참으로 딱한 일이에요."

하긴 너도 먹어야 하겠다고 생각은 하는데 입맛이 없어서 먹지를 않으니 걱정이야. 할머니가 네가 밥을 잘 먹을 수 있는 약을 마련해주셨으니 약을 열심히 먹고, 밥을 맛있게 먹게 되면 좋겠구나!

몸만 크면 좋은 건가요?

너희들이 다른 어린이들처럼 잘 자라지 않는 이유를 알겠니?

병민. "그야 제가 남들만큼 잘 먹지를 않아서예요, 물론 제 체질과도 관계가 있겠지만 말이에요."

병욱. "저는 많이 먹는데도 잘 자라지 않잖아요?"

알고 있어서 다행이구나. 병민이 출석번호가 반에서 2번이라지? 반에서 너보다 작은 어린이가 하나라도 있어서 그래도 다행이라 할까?

병민. "그런 거야 다행이라고는 할 수 없지요, 그러나 할아버지, 두고 보세요! 얼마 안가서 제가 식욕을 되찾고 음식을 잘 먹으면 당장 자랄 수 있을 거예요."

그래, 두고 보자구나!

병민. "할아버지, 사람이 몸만 크면 좋은 건가요? 성서에 나오는 골리앗과 다윗의 이야기는 알고 계시지요? 저는 몸은 크지 않지만 다윗과 같은 똑똑한 어린이가 될 거예요."

그래, 이놈 잘도 둘러대는구나.

병욱. "골리앗과 다윗 이야기가 무슨 이야기예요?"

　　너도 형처럼 성서를 읽고 깨우치면 좋겠구나. 형은 혼자서 성서를 읽고 알아낸 거야. 형은 아마 2학년 때 밤에 잠을 안자면서 성서를 읽었을 거야. 병민아! 그랬었지?

　　병민. "예, 그랬을 거예요, 병욱아 너도 성서는 읽어야 하는 거야!"

　　병욱. "그래 나도 성서를 읽을 게!"

　　병민. "할아버지, 제가 반에서 키는 작은 편이지만 책은 제일 많이 읽었을 거예요, 책을 많이 읽으면 똑똑해지지 않겠어요?"

　　그래, 너 말 잘 했다. 네가 책을 많이 읽은 것은 나도 알고 있다. 하지만 책을 많이 읽으려면 **몸과 머리가 건강해야 하는 거야.** 그러니 역시 음식을 골고루 잘 먹어야 하는 거야. 음식물들 중에는 몸을 자라게 하는 것도 있고 머리를 좋게 하는 것도 있으니 말이다.

　　병민. "어떤 음식이 머리를 좋게 하나요? 아 참, 이런 문제는 미국에 있는 큰엄마에게 물어보면 되겠어요, 큰엄마는 유명한 영양학자시니까요."

　　병욱. "형, 큰엄마 이야기 들을 때는 나와 함께 들어, 응!"

　　그래, 너희들 둘이 함께 큰엄마한테 잘 배우려무나. 헌데 애들아! 우선은 큰엄마에게 물어볼 필요도 없어. 그냥 엄마가 마련해주는 음식을 골고루 살 먹으년 뇌는 거야. 네 엄마는 이사선생님이시잖아! 앞으로는 음식을 잘 먹도록 노력해라!

　　병욱, 병민. "잘 알겠습니다, 앞으로는 잘 생각해서 그렇게 하도록 노력하겠습니다."

　　음식을 먹는 데는 예절이 있단다. 보통 영어로 식탁매너라고 하는 것 말이다.

　　병민. "엄마와 아빠는 제가 밥 먹을 때, 식사예절이 없다고 야단을 쳐요, 식사예절에 관해 말씀을 해주시겠어요?"

　　그러자구나. 식사 전에는 우선 손부터 씻어야 한단다. 그 이유 알겠니?

　　병욱. "예, 잘 알아요, 형도 알지?"

　　병민. "우리가 공부를 하거나 놀이를 할 때 책이나 장난감을 많이 만졌으니 우리 손이 더러워져 있기 때문이지요."

　　그래, 그런 것들을 만지면 손에 눈에 보이지 않는 세균 곧 박테리아가 우글거린단다. 그러니 손을 잘 씻어야 하는 거야. 헌데 애들아, 어른들이 손을 잘 씻으라고 야단들을 하는데 우리나라에서는 그럴 필요가 없다는 생각도 든다.

　　병욱. "왜요?"

　　손을 씻으라고 야단하는 것은 서양 사람들의 버릇이야. 서양 사람들은 손으로 빵을 먹으니까 손을 깨끗이 하고 있어야 하지만, 우리나라에서는 수서로 식사를 하니 식사와 손은 별로 관계가 없는 거 아니겠니? 나는 그런 생각을 하는 때가 자주 있단다. 참 독창적인 생각이지?!

　　병민. "할아버지 말씀이 옳은 것 같아요, 할아버지 생각이 참 재미있고 창조적이에요, 그런데도 우리나라 어른들은 멋도 모르고 손을 씻으라고 야단이에요."

　　내가 괜한 소리 했구나. 수저를 쓰더라도 손을 씻는 것은 언제나 좋은 일이야. 너희들도 손을 잘 씻어야 하는 거야. 내가 농담 삼아 한 말이 니 너희는 손을 잘 씻어!

식사준비가 다 되었다고 하면 "예"라고 대답하고 당장 와야 한단다.

병욱. "손을 씻은 다음에는요?"

밥을 먹으러 가야지! 엄마가 밥 먹으러 오라고 부르면 당장 〈예!〉하 고 가야하고, 그렇지 못할 때는 〈곧 가겠습니다〉라고 대답을 해야 하는 거야. 이것도 소학에 나오지? 병민아, 기억나니?

병민. "예, 기억나요. 〈부모호아/유이추지〉(父母呼我/唯而趨之)예요, 〈부모가 나를 부르시거든/ 곧 대답하고 달려가라〉는 뜻이에요."

우리 병민이 참 똑똑하구나! 소학에는 우리가 배울 것이 너무 많아. 잘 기억해두었다가 필요한 때 편리하게 쓰려무나. 배운 것을 잊어버리지 말고!

병욱. "식탁에 가서는 어떻게 할지 알고 있어요."

그래, 병욱이 네가 한 번 말해봐!

병욱. "식탁의 제 자리에 앉아서 어른들이 수저를 들고 나서 저도 수저 를 들고 식사를 시작하는 거예요, 그리고 오른 손에 숟가락을 들고 왼손으로 는 밥그릇을 받치고, 위에서부터 골고루 떠먹어야 하는 거지요? 밥을 웅덩이 파듯 파먹는 건 안 좋은 거라고 들었어요"

병욱아! 너는 왼손잡이인데 어떻게 오른손에 수저를 든다고 하니?

병욱. "할아버지, 그건 보통사람들이 하는 것을 말씀드린 거예요, 저는 왼손잡이니까 왼손으로 밥을 먹으면 되잖아요. 왼손으로 먹어도 괜찮은 거지요?"

왼손잡이는 왼손으로 먹을 수밖에!

병민. "밥을 떠먹고 나서는 반찬을 먹어야지요?"

너희들도 잘 알고 있잖니. 그런데 반찬은 골고루 먹어야 한단다. 모든 사람들에게 다 자기가 좋아하는 반찬과 싫어하는 반찬이 있게 마련이지만 밥상에 차려진 반찬은 무엇이든 다 잘 먹어야 하는 거야.

고기에 단백질이 제일 많이 들어있단다.

병민. "저는 예전에는 고기가 싫었어요. 우리에게 먹히는 소나 돼지가 불쌍하다는 생각이 들었어요. 그래서 고기를 안 먹으려 했어요. 그런데 요즘은 고기를 먹어요."

병욱. "할아버지, 저는 고기를 참 좋아해요. 알고 계시죠?

그래, 알고 있다. 그런데 고기를 너무 좋아하는 것도 탈이야. 채소도 함께 먹어야 한단다. 병욱아 알아들었지?

그리고 병민아, 네 말뜻은 알겠지만, 고기를 안 먹으면 단백질을 많이 섭취하시 못해서 몸이 튼튼해질 수 없단다. 소나 돼지는 원래 사람에게 잡아먹히려고 길러지는 거야. 그러니 앞으론 그런 생각 말고 고기도 많이 먹도록 해라.

병민. "김치나 야채에는 단백질이 없나요?"

너 정말로 큰엄마한테서 영양학을 배워야 하겠구나. 헌데 그 정도는 네 엄마도 잘 가르쳐 줄 거야. 야채에는 단백질이 없고 비타민과 여러 가지 무기질이 풍부하게 들어 있단다.

병민. "그러니 영양을 골고루 섭취하려면 밥(탄수화물), 고기(단백질) 그리고 야채(비타민과 무기질)를 골고루 섭취해야 한단 말씀이시군요."

네가 참 잘 알아들었구나. 이렇게 잘 알아듣는 어린이가 왜 밥 먹는 것을 소홀히 하려할까?

병욱. "또 다른 식탁매너는 없나요?"

또 있지. 밥을 다 먹을 수 없으면 엄마에게 다 먹을 수 없는 이유를 말씀드려야 해. 그리고 다 먹고 나면 (잘 먹었습니다)고 고맙다는 인사하고 자리에서 일어나야 하는 거야.

병욱, 병민. "알겠습니다. 앞으로는 잘 생각해서 그렇게 할 거예요."

배보다 눈이 큰 사람

그런데 식사하는 매너에 관해 재미있는 이야기 하나 더 해줘야 하겠다. 독일 이야기를 너무 많이 해서 미안하다만 앞에서 여러 번 말한 것처럼, 내가 독일에서 오랫동안 공부하고 연구하고 했으니 도리가 없구나. 독일가정에서는 식탁에 먹을 것을 모두 차려놓고, 각자가 자기가 먹을 것을 먹을 만큼씩 덜어다 먹어.

병민. "할아버지! 잠깐만요! 우리는 밥과 국은 엄마가 미리 떠 주잖아요. 우리도 독일처럼 자기가 먹을 것은 자기가 알맞게 덜어다 먹었으면 좋겠어요. 독일 방식이 참 합리적인데요."

병민이 이놈, 네가 적게 덜어 먹으려고 하는 소리지? 내 이야기 끝까지 들어봐! **(자기가 자기 먹을 것을 덜어가니 그것은 책임지고 다 먹어야 하는 거야.)** 자기가 덜어간 것을 다 먹지 않고 남기면 뭐라고 하는지 알겠니?

병민. "모르겠어요, 뭐라고 하는데요?"

너는 **눈이 배보다 크구나!** 라고 꾸짖어.

병욱. "그게 무슨 뜻이에요?"

자기가 다 먹지도 못할 것을 욕심을 내서 많이 가져갔다는 뜻이야. 그러니 다음부터는 자기가 먹을 만큼만 가져가서 다 먹으라는 말이야. 이렇게 하면 우리나라에서 문제되고 있는 **음식쓰레기가 없어지겠지.**

병민. "독일에서는 음식쓰레기가 없나요? 아니 문제되지 않나요?"

독일에서는 이런 문제는 없어! 그리고 야채 같은 것도 미리 다듬어서 팔기 때문에 야채 쓰레기도 많지 않아 아무런 문제가 없단다.

병욱. "참 좋은 제돈데요, 우리도 그렇게 했으면 좋겠어요."

그런데, 병욱아, 병민아, 너희들은 어떠니? **눈이 크니 배가 크니?**

병민. "으...으, 저는 눈도 작고 배도 작을 거예요, 애초에 많이 가져가지도 않고 또 많이 먹지도 않을 테니까 말이에요."

그런 것이 너의 잘못이고 부모님의 걱정거리야. 많이 가져가서 많이 먹으면 네 부모가 얼마나 좋아하시겠니? 여하튼 엄마가 차려주시는 음식은 가급적이면 다 먹도록 해라!

병욱. "저는 눈도 크고 배도 클 거예요, 되도록 많이 가져다가 많이 먹어야지요! 할아버지 제 말이 맞지요?"

그래, 네 말이 맞다! 많이 먹는 어린이는 많이 크는 거야.

병민. "예, 할아버지, 저도 **잘 생각해서 눈도 크고 배도 크도록 하겠습니다.**"

16. 신외무물(身外無物)이란다(건강).

"할아버지! 할아버지! 저희들 왔어요!"

그래, 우리 귀여운 병욱이, 병민이가 왔구나. 큰절을 할 필요는 없다. 어서 이리 앉아! 한참 놀고 나서 또 지난번처럼 말 나누기를 해보자구나. 오늘은 건강에 관한 이야기를 하기로 하자구나.

잔병치레를 하지 않으면 건강한 거야

병욱. "할아버지, 저희들 이제 다 놓았어요. 말나누기를 해요!"

그래, 오늘은 병민이부터 시작해볼까?

병민. "제가 음식을 잘 먹지 않는다고 어른들은 야단들이지만, 저는 건강한 편이지요?"

병욱. "저도 건강하지요?"

그래, 너희들 둘 다 소위 **잔병치레**는 별로 하지 않은 편이야. 그러니까 건강한 거지. 큰 다행이야!

병민. "다만 저는 차멀미를 잘 하고, 구토를 잘 하는 게 탈이에요."

병욱. "저는 잘 토하지도 않아요, 그러니 더 건강한 거지요?"

그래 병욱이는 참 건강한 편이야. 병민이는 그런 것도 네 스스로가 알고 있구나. 너는 건강에서 문제가 있다면 토하는 것이었어. 네가 얼마나 잘 토했는지도 알고 있니?

병민. "차멀미 때문에 토한 것은 이루 다 헤아릴 수가 없을 거예요, 특별히 기억나는 것은 저를 진찰하던 의사 선생님 가운에다 토했던 거예요."

그걸 네가 아직도 기억하고 있니? 네가 기억력은 참으로 좋은 것 같다. 그밖에도 네가 잘 하는 좋지 않은 일이 있잖아.

병민. "아, 제가 코피를 잘 흘리는 거 말씀이시죠? 전에는 정말 매일같이 코피를 흘렸잖아요?"

병욱. "저는 코피를 흘린 적이 별로 없지요? 몇 번만 기억이 나요."

그래, 병민이는 정말로 코피를 자주 흘렸어. 네가 참다못해 잘 아는 한의사 선생님한테서 한약을 지어다 먹였더니 요즘은 좀 나아졌다더구나.

　사람은 아프지 않은 것이 제일 좋지만, 아프면 약을 잘 먹어야 한단다.

　병민. "그래요, 요즘은 코피 잘 안 흘려요, 큰 다행이에요, 그런데 할아버지 저는 아프면 약을 잘 먹지요?"

　그래, 너는 약을 잘 먹는 것이 매우 좋은 점이야. 더 어렸을 때부터 쓴 약도 잘 먹었어.

　병민. "<입에 쓴 약이 몸에는 좋다>고 하잖아요, 그래서 저는 쓴 약일수록 잘 먹어요,"

　병욱. "저는 약을 먹을 필요도 별로 없지만 약 먹기가 싫어요, 쓴 약은 근처에도 가고 싶지 않아요,"

　그래, 병욱이는 정말로 약 먹기를 싫어해. 자주 안 아파서 다행이지 자주 아팠더라면 약 먹이기 힘들었을 거야. 병욱아, 그래도 **아프면 싫어도 약은 잘 먹어야 하는 거야!** 병민이는 기특한 데가 많은데, 약 잘 먹는 것도 그 중 한 가지란다.

　병민이 너는 아프면 약을 참 잘 먹어 큰 다행이야. 할아버지는 남의 말을 잘 안 듣는 편인데 **학교선생님과 의사선생님의 말은 잘 듣는단다**. 예컨대 의사선생님이 처방해준 약은 한 알도 놓치지 않고 정확하게 먹는단다. 그래서 내 의사선생님은 나를 언제나 칭찬하지.

　병민. "저도 의사선생님 시키는 대로 잘 따르잖아요, 오래전 일이 생각나는데요, 어린이집에 다닐 때일 거예요, 아파트단지 안에 있던 한 대학병원에서 **4시간짜리 주사**를 맞았을 때도 가만히 앉아서 다 맞았잖아요, 할아버지는 생각 안 나세요?"

그래, 그런 일이 있었다. 우리가 너를 매우 크게 칭찬했었지? 너는 주사도 잘 맞고 약도 잘 먹어, 병이 나도 그다지 걱정이 안 된단다. 사람은 **우선은 병이 안 나야 하지만 병이 나면 약을 잘 먹어야 하는 거야!**

병욱. "저는 아직 주사 맞은 적이 없지요?"

그래, 너는 어릴 때 예방주사 말고는 아직 주사 맞은 적 없다.

병민. "병원에 가 보면 의사선생님한테 안 들어가려고 울고 떼쓰는 어린이들도 많잖아요?"

그래, 넌 그런 어린이들과는 완전히 달라. 그런 점에서는 너는 큰 어린이야. 그런데 네가 요즘은 건강해져서 병이 나는 일이 거의 없어져 다행이야.

그런데, 병욱아, 병민아, 너희가 언제나 지금처럼 건강하려면 어떻게 해야 하는지 아니?

건강은 건강할 때 지켜라 라는 말이 있단다.

병욱. "아프기 전에 아프지 않도록 하란 말씀이시죠? 당연히 그래야죠, 그렇게 하는 방법을 잘 말씀해주세요!"

우선 밖에 갔다 오면 **손부터 씻어야** 한단다. 앞에서도 말했지만 우리 손은 온갖 것을 다 만지니 매우 더러운 거야. 아마 현미경으로 들여다보면 박테리아가 우글우글 할 걸. 그런데도 손을 씻지 않고 뭘 먹으면 그 박테리아가 내 입으로 들어가, 여러 가지 병을 일으키게 된단다.

병욱. "앞으로 손을 잘 씻도록 하겠습니다, 전염병도 손으로 전해지는 일이 많다지요?"

그렇단다. 그래서 전염병이 유행하면 **손 씻기 운동**이 벌어지는 거야.

병민. "음식을 먹고 난 뒤에는 이도 잘 닦아야 하지요?"

그럼, 네가 다 알고 있구나. 그런데 왜 묻니? 음식을 먹고 나면 음식 찌꺼기가 이에 붙었다가 이를 썩게 하는 거야. 그러니 이를 열심히 닦아야 한다. 병욱아, 병민아, 이는 우리 몸에서 아주 작은 것이지만 매우 중요한 거란다.

병민이 너, 이 한 개가 썩었을 때 나와 치과에 갔었지? 이는 작지만 아플 때는 매우 아픈 거야. 그때 너는 그 아픔도 잘 참고 치료를 잘 받았단다.

병민. "기억납니다, 저는 이를 소중히 잘 가꾸겠습니다."

병욱. "할아버지, 저는 아직 치과에는 간 일이 없지요? 제가 이를 잘 닦기 때문이에요."

그럴 거야, 병욱이는 **착한 어린이**니까.

똑똑해지려면 눈의 건강도 잘 지켜야 하는 거란다

병욱아, 병민아, 그리고 또 중요한 것은 눈이야. 우리 가족에서 어른들은 다 안경을 끼고 있는데, 눈이 안 좋은 것은 책을 읽는 데나 일상 생활을 하는데 여간 불편한 게 아니야. 그런데 너는 조심을 하지 않고 책을 마구 읽었기 때문에 벌써 안경을 끼게 됐잖니. 앞으로 불편할 거야.

병민. "크게 불편한 것 같지 않아요, 괜찮아요, 안경을 끼니까 글자가 잘 보여 책읽기가 매우 편해요."

나는 네가 안경을 안 끼기를 원했다만 이젠 도리가 없어졌어. 그래도 눈이 더 나빠지지 않도록 앞으로도 계속해서 조심해야한다. 눈이 좋아야 책도 잘 읽을 수 있고 공부도 잘 할 수 있는 거야.

병욱. "저는 안경을 안 껴도 책 잘 읽을 수 있어요. 그렇지만 항상 조심할 거예요."

병민. "할아버지 말씀대로 하도록 잘 생각해서 노력하겠습니다, 그리고 할아버지, 전염병에 안 걸리려면 예방주사도 잘 맞아야지요?"

당연한 말이지! 너희들은 어렸을 때 맞아야 할 예방주사는 다 맞았으니 걱정 없을 거야. 그런데 병민이는 예방주사를 맞을 때 겁도 내지 않았고 울지도 않았어. 큰 애 같았단다.

병욱. "할아버지, 저는 어땠어요?"

너도 어려서 맞았으니 멋도 모르고 맞아 울지 않았단다.

음식은 골고루 먹어 한단다.

병민. "할아버지, 원래 몸이 튼튼하면 병에 걸리지 않지요? 그러려면 어떻게 하는 것이 좋을까요? 저희들이 잘 알아들을 수 있게 말씀해주세요."

참 좋은 질문했다. 몸이 튼튼해지려면 우선 음식을 잘, 그리고 골고루 잘 먹어야 한단다. 음식을 맛있는 것만 먹고 맛없는 것은 먹지 않고 해서는 안 되는 거야. 입에 쓴 약이 몸에는 좋듯이, 입에 맛없는 음식이 몸에는 좋을 때도 있어. 무엇이나 엄마가 차려주는 것은 기쁜 마음으로 잘 먹어야 한단다.

병민. "할아버지, 엄마 아빠와 선생님이 권하는 것처럼 모든 것들을 많이 먹어대면 뚱보가 되지 않겠어요? 저는 뚱보가 되고 싶지 않아요."

그래, 사람이 너무 여위어도 문제지만 너무 뚱뚱하면 더 큰 문제야. 여위면 음식을 조금 많이 먹으면 되지만, **뚱보를 고치기는 참 어렵다고들 하지.** 그래서 소위 비만이 안 되도록 특별히 조심해야 해.

병욱. **"먹은 것만큼 많이 움직이면 되잖아요?!"**

그래 병욱이 말이 옳다. 아참, 너희들이 건강하기 위해서 또 한 가지 중요한 것이 있어. 그게 뭔지 알겠니?

병민. **"그게 뭐예요?"**

지금까지 말한 것과 같은 것이지만 특별히 강조하기 위해 한 번 더 말해주마. 바로 **편식을 하지 않아야 한다**는 거야. 곧 몇 가지 음식만 먹고 다른 음식은 먹지 않는 것 말이야. 우리 몸은 여러 가지 영양소를 필요로 하는데 몇 가지 영양소만 보충하고 다른 것은 보충하지 않으면 튼튼해질 수가 없는 거야. 앞에서 말했듯이 모든 음식물을 골고루 잘 먹어야 한단다. 가령 자기가 **싫어하는 음식이라도 건강을 위해서는 꼭 먹어야 한다**는 거야.

병민. **"할아버지, 저는 한꺼번에 많이는 먹지 않지만 아무거나 잘 먹잖아요, 그래서 아빠는 저를 괴식가라고 하잖아요, 다른 애들은 먹지도 못하는 산 낙지도 좋아하고요."**

그래, 너는 괴식가라 할 만큼 이상한 것도 잘 먹어. 다만 적게 먹어서 탈이지.

병욱. **"저는 형과는 매우 달라요, 형처럼 그런 괴상한 것은 먹지 않아요, 형은 정말로 괴식가야, 다만 저는 고기만 좋아하는 것이 탈이긴 하지만 말이에요."**

병욱아! **고기를 좋아하는 것은 큰 문제가 아니야.** 다만 고기를 먹을 때 **야채를 많이 먹으면 되는 거야.** 앞으로 **고기를 먹을 때는 고기 반, 야채 반으로 먹도록 하면 좋겠다.**

운동도 알맞게 해야 한단다

병욱. "알았습니다. **음식만 골고루 잘 먹으면 건강해지나요?**"

음식도 잘 먹어야 하지만 음식으로 섭취한 **칼로리를 잘 연소시키기도** 해야 한단다.

병민. "**칼로리는 열량이지요? 이 칼로리를 연소시키려면 어떻게 해야 되나요?**"

몸을 움직여야지. 곧 **운동을 해야 하는 거야.** 음식을 많이 먹고 움직이지 않으면 칼로리가 몸에 쌓이게 되는데 그러면 어떻게 되는지 아니?

병민. "**어떻게 될까요? 틀림없이 비만이 되겠지요, 할아버지!**"

그래, 네가 싫어하는 **비만**이 되는 거야. 먹은 칼로리를 연소시키지 않고 몸 안에 쌓아두면 살이 찌지 않겠니? 그래서 사람은 **알맞게 먹고 알맞게 움직여야** 하는 거야. 병욱이노 살 알아들었지?

병욱. "예, 잘 알아들었어요."

애들아, 옛날 사람들이 참 좋은 말을 했단다.

병빈. "**무슨 말을 했는지 말씀해주세요.**"

(식후 칠보(七步)) 라는 말이야. 곧 식사를 한 뒤에는 일곱 설음을 설으라는 뜻이야. 물론 이 정도의 운동으로는 충분하지 않겠지만 최소한 **식**

식 후에는 움직여야 한다는 것은 옳은 말이지?

병민. "참 재미있는 말이에요. 저희들도 그렇게 해야 하겠어요."

그래, 옛날 사람들은 너무나 움직이질 않았어. 우리나라 사람들이 운동을 몰랐을 때의 재미있는 이야기나 하나 해줄까?

병욱. "예, 해주세요."

1900년대 초 미국의 선교사들이 한국에 와서 학교들을 세우고 신교육을 펼치느라 노력했었어. 이때 미국의 선교사들이 학교 운동장에 테니스 코트를 만들어 놓고 테니스를 했어. 이때 한국의 점잖은 양반이 지나가다가, 선교사들이 공을 주우러 뛰어 가는 것을 보고, 그 양반어른이 "왜 그리 힘들게 뛰어다니시오? 내 하인 더러 공을 주워오게 하시오!"라고 했다는 거야.

병민. "하하, 참 재미있어요. 선교사들은 운동을 하느라 뛰어 다니는데, 공을 하인에게 주워오게 하겠다니 우스운 일이 아니겠어요? 그러면 하인들이 운동을 하게 되는 건데."

병민이는 잘 알아들었구나. 병욱이도 잘 알아들었지? 사람은 알맞게 운동을 해야 하는 거야. 과거의 우리나라 사람들은 이런 운동을 알지 못했었어. 그리고 양반은 몸을 움직이면 안 되는 걸로 알고 있었단다. 그래서 오래들 살지 못했을 거야. 애들아, 너희들은 어떻게 해야 하겠니.

여러 가지 운동을 할 줄 알아야

병민. "저는 운동을 많이 해요. 요즘은 아침에 태권도를 해요. 그리고

전에는 학교 축구부에서 토요일마다 축구를 했어요. 많이 먹지는 않으면서 운동을 하기 때문에 비만이 될 일은 없을 거예요."

병욱. "저도 요즘은 아침에 형과 함께 태권도를 하러 가요. 태권도 참 재미있어요."

그거 참 잘하는 일이다. 하기야 건강을 지키려면 적게 먹고 많이 움직이라고들 하지. 너희들은 그 밖에도 할 수 있는 운동이 많이 있지?

병민. "예, 전에 제가 할아버지 댁에 함께 살았을 땐 할머니가 새벽마다 구청 복지관 수영장에 보냈어요."

그래, 그것은 나도 알고 있어. 병욱이도 수영 많이 했지?

병욱. "예, 저도 수영 잘 해요."

병민. "그래서 수영을 잘 했는데 미국에 살 때는 아파트단지 안에 무료 수영장이 있어서 매우 많이 했어요. 병욱이도 함께 했어요. 그래서 우리는 지금은 수영을 매우 잘 하는 편이에요."

참으로 다행이다. 또 너희가 배운 운동은 뭐가 있니?

병민. "할아버지도 알고 계시겠지만, 미국에 갈 때까지 태권도를 열심히 배웠지요. 그래서 품띠까지 땄었잖아요? 미국에 가지 않고 계속해서 태권도를 배웠더라면 이젠 1단은 됐을 거예요. 그래서 요즘 다시 태권도를 시작했어요."

너하고 함께 태권도 배우던 네 친구를 거리에서 만났는데 그 애는 3단이라고 하더라.

병욱. "할아버지, 그때 저는 청띠를 딴 것 아시죠?"

그래, 너도 태권도에 열중했었다. 앞으로도 열심히 해서 몸을 튼튼하게 단련해라!

등산도 매우 좋은 운동이란다.

애, 병민아, 그리고 네가 우리나라에서 다니던 학교는 토요일에 수업이 없는 학교여서 토요일이면 가끔 할아버지하고 함께 등산한 것 생각나니?

병민. "예, 생각나요, 할아버지하고 전철을 타고 도봉산에 자주 갔었어요, 참 좋았어요."

병욱. "할아버지, 저는 왜 안 데려갔었어요? 저도 데려가주실 것이지!"

그때 너는 어린이집에 갔었잖아. 그래서 안 데려간 거야. 섭섭하게 생각하지 말아라. 앞으로 기회 있으면 함께 등산하자구나.

병민아, 너 등산에는 별로 관심이 없었던 것 같아. 너는 산에 올라가는 골목길에 늘어서 있는 가게들에서 뭔가를 사고 싶어만 했지? 산에는 조금 올라가고 먹을 것만 사달라고 졸랐단다. 많이 먹지도 못하면서 말이다.

병민. "그런 것 다 기억나요, 그때에는 제가 철이 덜 나서 그랬던 거예요."

그래, 지금이라도 그런 잘못을 알았으니 다행이다. 헌데 요즘은 일요일이 되면 너희 가족 전체가 근처의 산에 간다며? 그거 참 잘하는 일이다. 이젠 엄마 아빠가 무서워 산에서 뭐 사달라는 말은 못하겠지?

병민. "엄마 아빠가 무서워서가 아니라, 그 산에는 가게들이 없어요, 그리고 제가 철이 조금 들어서 가게가 있어도 사 달라는 말은 잘 안해요."

그래 우리 병민이 많이 컸구나! 운동을 열심히 하면 식욕도 생겨 음식을 맛있게 먹게 될 거다. 병욱이도 많이 크게 될 거고!

너희 할머니와 나는 너희들한테 **과외공부는 안 시키고 운동만 시키는 셈이었구나.** 그것은 너희가 빨리 크기를 바라기 때문이야. 과외에 시달리면 어린이들은 성장을 잘 못할 거야. 너희들 운동시키려고 온갖 힘을 다 쓰시는 너희 **할머니는 너희들의 운동감독**이라 할 수 있겠지? 너희들이 건강하게 빨리 자라기를 바라는 할머니의 기대에 잘 보답해야 한단다.

되도록 많은 운동을 잘 하도록 하려무나.

병민. "할아버지, 저는 그 밖에도 인라인스케이트도 잘 타요. 그건 모르시지요?"

병욱. "그건 저도 잘 타요. 그리고 저와 형은 자전거도 잘 타요!"

그래? 나와 함께 있을 때는 잘 타지 못했는데 이젠 잘 탄단 말이냐? 인라인스케이트는 참 좋은 운동인데 **그것을 타고 차가 다니는 거리에 나갈까봐 걱정이구나.**

병욱. "그런 걱정 안 하셔도 돼요. **아파트 안의 빈터에서만 타니까요.**"

꼭 그래야 한다. 찻길로 나가서는 절대 안돼! 몸을 튼튼히 하려다가 오히려 몸을 다쳐서는 안 되기 때문이야. 알아들었지?

병욱. "예, 잘 알고 있어요. **절대로 위험한 곳에는 나가지 않을 거예요.**"

잘 알고 있다니 다행이다. 병욱아, 병민아, 운동은 꼭 무슨 유명한 것을 해야 하는 것은 아니야. **그냥 몸을 움직이기만 하면 되는 거야.**

병민. "예, **잘 생각해서 몸을 많이 움직이도록 노력하겠습니다.**"

17. 알기위해서는 공부를 해야 한단다. 천재는 1%의 재능과 99%의 노력으로 탄생한단다.

인간은 나면서부터 알고자하는 본성을 타고났단다.

병욱아! 병민아! 오늘은 내가 너희 보러 왔다. 별 탈 없이 잘들 있었니?

병욱. "예, 할아버지! 오늘도 말나누기해요!"

병민. "병욱아, 할아버지 잠깐 쉬시고 나서 졸라야지!"

병민아, 괜찮아, 지하철 안에서 쉴 만큼 쉬었다. 오늘은 무엇에 관해 말나누기를 할까? 병욱이 녀석 이제 말나누기에 맛이 들렸구나. 좋은 일이야.

병욱. "할아버지가 좋은 것이면 무엇이든지 괜찮아요."

그럼 오늘은 공부에 관한 이야기를 하기로 하자. 얘들아, 인간은 "그 무엇이든 알려고 하는 운명을 타고났다"는 유명한 말이 있단다. 다시 말해서 알지 않고서는 배길 수 없는 그런 운명을 타고 났다는 거야. 이런 말 들어본 일 있니?

병민. "예? 아직 그런 말 들어보지 못했어요. 그게 무슨 뜻이에요?"

아니, 병민이 네가 그 대표자인 것 같은데, 그걸 모르니? 물어본다는 것은 곧 알고자 한다는 거야. 너는 말을 배우면서부터 안 물어본 게 없잖니? 곧 모든 것을 다 알고자 했던 거야.

병민. "아! 그래요? 정말 저는 알고 싶은 것이 많아요. 모든 게 다 알고 싶어요. 그래서 저는 어른들이 귀찮아 할 정도로 많이 물었던가 봐요?"

병욱. "할아버지, 저도 모든 것이 다 알고 싶어요."

그래, 병욱아, 병민아, 너희는 정말로 많은 것들을 물어댔었단다. 물어본다는 것은 좋은 일이야. 곧 알고자하는 것이 많다는 뜻이지. 그래서 우리 집 어른들은 너희가 어떤 질문을 해도 바른 대답을 해주려고 애쓴 거야.

병민. "잘 알아요. 그런데 제가 학교에 들어가고 나서는 조금 달라졌지요? 학교에서 좋은 것들을 많이 배우니까 이젠 별로 묻지 않은 거예요."

병욱. "할아버지, 저도 학교에서 많은 것을 배워요!"

그럴 거다. 학교수업만 잘 따라가면 너희 또래에서는 물을 것이 별로 없을 거야. 다만 학교 **수업시간에 정신을 집중하여 잘 공부해야 하는 거야.**

병민. "저는 그렇게 하려고 애쓰고 있어요. 요즘은 정말로 선생님 말씀을 열심히 들어요! 그래서 학교 성적도 좋다고 칭찬 듣잖아요! 그리고 집에 와서는 학교공부 이외에 책들을 많이 읽어요. 저는 책 읽는 것이 제일 좋아요."

병욱. "저도 형 따라 책을 많이 읽어요. 아직은 형처럼 많은 책을 읽지는 못했지만요. 그렇지만 형만큼 크면 형보다 더 많은 책들을 읽을 거예요."

너희 둘 다 매우 똑똑하구나. 할아버지는 너희들과 함께 이야기 할 때가 가장 행복하단다.

교과서 말고 다른 책이란 한 권도 없었단다.

병민. "할아버지는 학교공부 이외에 다른 책들도 많이 읽으셨어요?"

아니야, 교과서 이외에는 책이라곤 없었단다. 내가 자란 곳은 시골이라 재방도 없었고. 심지어 잡고서도 한 권 없었단다. 그냥 교과서만 가지고 공부했으니 요즘의 너희들에 비하면 아는 것이 아무것도 없는 형편이었지.

병민. "아는 것이 많지 않은 것은 불행한 일이시만, **노는 시 산이 낳아서 참 좋았겠어요.**"

요즘의 너희들에 비해 참 좋았지. 공부는 학교에서 배우는 것만으로 충분했단다. 학교 공부시간에 열심히 들으면 그만이었어.

병욱. "그랬는데도 성적이 좋으셨어요?"

그래, 나는 체육, 미술 및 음악을 못해서 1등을 해보지는 못했지만, 그 나머지 과목은 항상 1등이었지.

병민. "요즘 저희도 과외 같은 것 하지 않고 학교에서 배우는 것만으로 만족했으면 얼마나 좋겠어요?"

너희는 공부하는 과외는 별로 하지 않는 걸로 알고 있는데! 나는 정말로 다행으로 생각하고 있단다.

병민. "저와 병욱이는 영어 과외를 하고 있잖아요, 하긴 미국에서 배운 영어를 잊어버리지 않기 위해 도리 없이 하는 과외이기는 하지만요."

너희가 하는 과외 정도는 약과야. 다른 애들은 모든 학과목을 다 과외 한다더라. 너야 학교에서 특활로 축구하고, 집에서 바이올린 배우고, 또 뭐 달리 배우는 거 있니?

병욱. "형하고 저하고 한문 서당에도 가잖아요, 사실 한문은 저희가 배우기를 원하는 것이니까 좋기도 해요."

병민이는 아주 어릴 때부터 이상하게 한자배우기를 좋아했다. 우리 **동양 사람들은 한문을 배워두면 참 좋을 거야.** 형이 한자 배우기를 좋아하니까 병욱이도 한자를 좋아하게 됐을 걸.

병욱. "그래요, **형한테서 배운 거예요,** 그런데 이제 형은 한문이 5급이고 저는 4급이에요."

아니, 너희들이 그렇게도 한문을 잘한단 말이냐? 애들아, 너희는 다른 애들에 비해 과외를 적게 하는 편이야. 어떤 애들은 하루에도 대여섯

영어
미술
수학
웅변
피아노
글짓기

가지의 과외를 한다고 하지 않더냐?

과외는 모르는 것을 정말로 알고자 할 때만 필요한 거야.

병민. "저희가 과외공부를 많이 하지 않아서 다행이라고 하셨지요? 사실 저희는 과외 선생을 찾아갈 필요가 없어요. 가끔 모르는 것이 있으면 엄마나 아빠께 여쭤보면 되니까요."

그래, 너희도 잘하고 너희 부모도 잘하고 있구나. 과외란 원래 모르는 것을 꼭 알아야 할 때 그것만 물어보고 알면 되는 거야. 그런데 요즘 과외 하는 것을 들어보면, 그 애가 알건 모르건, 또는 알고자하는지 알고자 하지 않는지는 덮어두고 맹탕으로 선생만 지껄여 대니 무슨 소용이 있겠어? 그런 과외가 애들을 잡는 거야.

병욱. "애들을 잡는다는 말씀이 무슨 뜻이에요?"

애들이 하기 싫은 과외를 억지로 하고, 자기들이 원하는 다른 일은 아무것도 못하고 하니 애들이 따분해하고 진력을 낸다는 뜻이야. 그리고 애들의 기가 죽는 것 등을 뜻하는 거야.

병민. "할아버지는 학교 다닐 때 과외를 하지 않으셨어요?"

내가 학교에 다닐 때는 과외라는 것이 없었어. 모르는 것이 있는데 꼭 알고 싶으면 선생님께 물어보면 됐어. 물론 선생님은 과외비를 받지 않고.

그런데 내가 전에 과외 한 번 해서 큰 성과를 거둔 일이 있었다고 했지? 그 이야기 기억하고 있니?

병민. "잘 기억하지 못해요, 다시 한 번 말씀해주세요."

그래. 병욱이도 잘 들어보렴! 내가 병민이만 할 때, 곧, 4학년 때 분수를 배웠는데 수업시간에 제대로 듣질 않아서 잘 이해하지 못했었단다. 그래서 그것을 알려고 애를 쓰고 있었는데, 어느 날 중학교 입학시험준비를 하고 있던 동네 선배가 자기 집에 가서 함께 공부하자고 했어. 나는 얼씨구나 하고 당장 따라 갔어. 그리고 그 형에게 내가 몰랐던 것을 물어봤지.

병민. "무슨 문제였는데요?"

수학의 분수문제였어. 그 형이 참 잘 가르쳐주었단다. 덕분에 나는 분수를 충분히 이해할 수 있었단다.

병민. "어떻게 설명해주었는데요?"

가령 (3분의 1)은 (하나를 세 개로 나눈 것 중에서 하나)요, (4분의 2)는 (하나를 넷으로 나눈 것 중에서 두 개)요, (2분의 1과 같으며,) 곧 (반)이라고 설명해주었어. 참으로 훌륭한 설명이었어. 나는 그 때부터 분수를 잘 알게 되었었단다.

병욱. "참 다행이었네요."

그럼, 다행이고말고. 나는 60년이 지난 오늘도 그때 일을 아직 잊지 않고 있어. 과외란 이렇게 자기가 정말로 알고 싶은 것이 있는데 알지 못할 때 잠깐 설명을 듣는 것이어야 한단다. 나는 그때부터 과외는 모르는 것을 묻는 것이라고 확신하고 있단다. 다시 말해서 알고 모르고를 따지지 않고 마구 지껄여 대는 그런 과외는 백 번을 해도 소용없는 거야.

병민. "할아버지 말씀이 재미있고 매우 좋아요, 제가 지금 그렇게 하고 있잖아요, 모르는 것을 잘 기억해두었다가 엄마나 아빠께 물으니 말이에요."

그래서 잘하고 있는 거라고 말했잖니! 너희는 엄마 아빠가 대학 선생님이라서 잘 가르쳐 주실 거야. 모르는 것이 있는데 그냥 넘어가서는 안 되는 거야! 처음에 모르는 것을 그냥 지나가면 영영 알지 못하고 마는 거야!

학교에서 선생님이 가르치는 것 잘 들으면 과외는 필요 없는 거야

병민. "과외를 안 하려면 학교 선생님이 가르치실 때 잘 듣고 이해하면 되지요?"

물론이지, 그런데 병민이 너는 학교에서 수업시간에 열심히 듣지 않는다고 선생님의 꾸중을 들은 일이 몇 번 있지? 우리 병욱이는 그런 일이 없었을까?

병욱. "할아버지, 저는 그런 일이 한 번도 없어요, 잘했지요?"

그래, 우리 병욱이는 참으로 모범생인데!

병민. "저도 모범생이에요, 제가 선생님의 꾸중을 들은 것은 2,3학년 때 일이었어요, 수업시간에 재미있는 책을 읽었었는데 수업이 끝나고 나서 선생님이 꾸중을 하시고선, 제가 읽는 과학책을 보시고는 놀라워하셨어요,"

왜 선생님이 놀라셨어?

병민. "제가 읽은 건 우주과학책이었는데 다른 애들은 이해하기 힘든 그런 어려운 책이었으니까요,"

그래서 네가 과학에 관해서 잘 아는 것은 다행이지만, 학교 공부를 소홀히 해서는 어떻게 되겠니?

병민. "그 때는 학교공부가 쉬웠잖아요. 그래서 수업시간이 별로 재미없었어요. 하지만 요즘은 수업시간에 다른 책은 안 읽어요. 선생님 말씀 잘 들으려고요."

그럼 됐어. **수업시간에 선생님 말씀만 잘 들으면 모르는 것이 있을 수 없지.** 앞으로도 수업시간에 엉뚱한 짓하면 안 돼! 그리고 벌써부터 좋아하는 과목과 싫어하는 과목이 있어서도 안 돼! 모든 과목을 다 골고루 공부해야 하는 거야.

18. 공부는 머리의 영양이란다.

머리의 영양인 공부도 편식을 해서는 안 되는 거야

병민. "저는 특별히 싫어하는 과목은 없어요, 국어가 조금 어려운 것 같기는 해요, 아마 제가 1년 동안 미국에 있으면서 국어를 배우지 않았기 때문일 거예요."

너는 책을 많이 읽으니 국어를 잘 할 수밖에 없을 텐데.

병민. "그리고 제가 특별히 좋아하는 과목이 무엇인지는 할아버지가 잘 알고 계시지요?"

그래, 과학이지 뭐. 내가 너한테서 과학에 관한 것을 많이 배우고 있잖니. 그런데 벌써부터 과학에만 매달리면 안 되는 거야.

병욱. "왜 그래요? 할아버지."

이제 병욱이도 끼어들었구나. 그 이유는 음식에서 편식을 하는 것과 같은 거야. 몸의 건강을 위해서 음식을 골고루 먹는 것처럼, **머리의 건강을 위해서는 공부도 골고루 해야 한단다. 공부, 곧 머리의 영양을 편식하면 머리가 건강해지지 않는 거야.**

병민. "몸이 튼튼해야 일을 잘 할 수 있는 것처럼, 머리가 튼튼해야 공부를 잘 할 수 있다는 말씀이시지요?"

당연한 얘기지. 머리의 건강을 위해 영양을 골고루 섭취하자구나. 이 말은 국어, 수학, 과학, 국사, 바른 생활, 음악, 미술, 체육 등 학교에서 배우는 모든 학과목을 골고루 열심히 그리고 잘 해야 한다는 말이야.

병민. "예, **저는 잘 생각해서 그렇게 할 거예요.** 정말이에요, 앞으로 지켜봐주세요."

병욱. "할아버지, 저도 그렇게 할 거예요."

그래, 너희들 결의가 좋아! 그런데 그렇게 하려면 어떻게 해야 하는지는 잘 알고 있겠지?

병민. "그건 할아버지께서 여러 번 말씀 하셨잖아요, 그래서 알고 있어요."

애들아! 병욱아, 병민아, 그것은 너무 중요하기 때문에 내가 한 번 더 힘주어서 말해두어야 하겠다.

첫째, 수업시간에 **선생님의 말씀을 한 마디도 놓치지 않고 잘 들어야**

하는 거야. 너희들은 모든 일에 마음만 먹으면 집중을 잘하니 정신을 바짝 차리고, 곧 정신을 집중해서 들으면 될 거야.

병민. "잘 알겠습니다, 그러고도 못 알아들은 것이 있으면 엄마나 아빠께 물어서라도 꼭 알아둬야 하는 거지요!"

병민아, 네가 내 말을 잘 알아들어서 정말로 기쁘다.

학교에서 배운 것은 집에 와서 다시 챙겨봐야 해, 곧 복습을 해야 한단다

병민. "학교에서 배운 것만으로 충분한 건 아니지요?"

물론이지. 너희는 학교에서 배운 것을 어떻게 하니? 집에 돌아와서 다시 읽어보고 익혀야 하는 건데. 이렇게 집에서 다시 공부해보는 것을 복습이라고 한단다.

병욱. "그래요, 엄마는 저희에게 학교에서 돌아오면 우선 그날 배운 것을 다시 공부해보라고 하세요, 매일 같이 말이에요."

옳은 말이잖아. 그래야 너희가 배웠으나 못 알아들은 것을 찾아낼 수도 있을 것 아니냐?

병민. "그래요, 그렇게 해야 모르는 것을 알아내어, 엄마나 아빠께 물을 거 아니에요."

그러니 학교에서 돌아오면, 우선 복습부터 잘 해야 하는 거야. 그리고 복습 이외에 또 할 일은 없을까?

학교에서 잘 알아듣기 위해서는 집에서 예습도 잘 해 가야 하는 거야.

병욱. "학교 수업을 잘 알아듣기 위해서는 집에서 미리 공부를 하고 가는 것이 좋겠지요?"

애들아! 좋기만 하다뿐이겠니? 교육제도가 발달한 선진국들에서는 (예습), 곧 집에서 미리 공부해 가는 것은 당연한 일로 되어 있어. 너희가 미국학교 다닐 때 이미 이런 것은 배우지 않았느냐?

병민. "그랬어요, 미국학교에서는 예습해 갈 것이 꼭 있었어요, 그리고 숙제도 많았어요."

병욱. "할아버지, 저는 1학년이었기 때문에 숙제가 거의 없었어요."

그랬을 거야. 하지만 네 형처럼 4학년이면 예습을 잘해온 학생이 예습해온 것을 어린이들 앞에서 발표하고 서로 질문하고 하는 것이 미국식 수업방법이었지?

병민. "정말로 그랬어요, 예습을 해오지 않은 학생들은 거의 없었지만, 안 해온 어린이는 선생님의 꾸중을 듣고, 그 다음 날 꼭 해오도록 시켰어요."

그거 참 잘하는 일이야. 너희도 그렇게 생각하지?

병민. "예, 저도 그렇게 생각해요, 제가 미국학교에서 대상(大賞)을 받았다고 했잖아요, 그것은 바로 예습을 잘 해가서 학생들 앞에서 발표한 것이었어요."

그래, 너희는 우리나라에서도 미리 예습을 해가야 한다는 것을 알고 있지?

병민. "물론이지요, 우선 예습을 안 하면 엄마가 꼭 하도록 해요, 그래서 매일같이 예습을 해요."

병욱. "할아버지, 저도 예습을 꼭 해요."

그래, 병욱아, 병민아, 네 엄마 방침이 참 좋구나. 앞으로는 엄마가 시키지 않아도 **복습과 예습은 자발적으로 하면 더욱 좋지 않겠니?**

책을 읽는 것도 매우 좋은 공부란다

병민. "앞으로 그렇게 하겠습니다. 그런데 할아버지, 학교에서 배운 것만으로는 충분하지 않을 때도 있지요?"

이놈, 또 그 말이냐? 네가 책을 많이 읽으려고 하는 소리지? **사실은 네 말이 옳다.** 학과목은 학교에서 배우는 것으로 충분하겠지만 보다 더 많은 것을 알기 위해서는 너처럼 **책을 많이 읽으면 좋은 거야.**

병민. "그래서 저는 집에 돌아오면 당장 복습과 예습을 다 해놓고, 내일의 책가방을 싸 놓아요, 그리고 책을 읽어요, 할아버지, 저는 책 읽는 것이 제일 재미있어요."

병욱. "할아버지, 저도 요즘은 책을 많이 읽고, 책 읽는 것이 재미있어요."

그래 병욱이도 요즘 책을 많이 읽는다더구나. 아주 잘하고 있어. 그런데 병민이 너처럼 잠을 자지 않고 책을 읽는 것은 좋은 일이 아니야! 잘 시간이 되면 책을 읽다가도 잠을 자야지.

병욱. "할아버지, 저는 일찍 잘 자요, 잘 자야 잘 자란다잖아요!"

병민. "할아버지, 요즘은 부모님들이 10시에 자라고 정해주셔서 10시면 자요, 아까운 시간을 잠자는데 낭비하는 거예요."

예끼 이놈! 잠자는 시간은 낭비가 아니라, 내일 더 많은 공부도 하고 더 많은 책을 읽기 위해 **힘을 저축하는 거야**. 잠을 잘 자고 나면 머리가 맑아지고 읽은 것이 머리에 쏙쏙 들어가지 않더냐.

병민. **"그래요, 앞으로는 불평하지 않고 10시면 자겠어요."**

네 엄마 아빠가 매일 같이 일찍 자라고 야단이시지? 네 부모님이 참 좋은 부모님이셔. 네가 해야 할 **올바른 길을 잘 가르쳐 주시고 이끌어주시니 말이야.**

독일 어린이들은 7시면 자기 방에 들어간단다.

얘들아! 또 독일 이야기를 하나 해야 하겠다. 독일 어린이들이 잠자는 것에 관해서 말이다.

병욱. **"말씀해주세요!"**

독일의 정상적인 가정들에서는 가족들이 다 모여 저녁식사를 하고 나서 서로 이야기를 하다가도, 7시만 되면 어린이들은 무조건 자기 방으로 가야만 해. 어릴 때부터 이런 교육을 철저히 한단다.

병민. **"그러면 7시에 이미 잔단 말씀이세요? 대단한데요?"**

그러니 어린이들이 아침에는 어떻게 되겠니?

병욱. **"물론 일찍 일어나겠지요."**

그래 아침 **6시 이전에 일어난다는 거야.** 내가 전공한 독일 철학자는 일생동안 저녁 7시에 자고 새벽 4시에 일어나 하루를 시작했단다. 이런 생활도 좋지 않겠니? 하루가 얼마나 길겠니? 병민이 네가 10시에 자는 것도 매우 늦은 것이야. 독일 어린이들에 비하면 말이다.

금년부터 학과 성적을 점수로 평가한다는 구나

병민. "학교의 성적도 중요한 거지요?"

그런데 지금까지는 성적이 좋은지 나쁜지 잘 알 수 없게 평가해왔었지? 그런데 금년도부터는 모든 학과목을 점수로 평가한다는구나. 이게 무슨 말인고 하니, 학과목마다 시험을 쳐서 점수를 매긴다는 거야. 예컨대 국어 90점, 수학 95점, 사회 95점 등과 같이 말이다.

병욱. "저는 아직 그런 시험 안 봐도 되지요?"

그럴 거야. 아마 4학년부터라지?

병민. "저는 그랬으면 좋겠어요. 그렇게 하면 아무래도 공부를 더 열심히 하게 되지 않겠어요?"

그래, 그럴 수도 있을 거야. 그런데 이렇게 하면 과거처럼 성적에 **등수**를 매기게 되고 잘난 놈 못난 놈이 구별되게 되는 거야. 공부 잘하는 어린이에게는 좋겠지만 공부를 잘 못하는 어린이에게는 좋지 않을 수도 있어.

병민. "어떤 면에서요?"

공부를 잘 못하는 어린이는 자기가 못났다는 생각, 곧 **열등의식**(또는 열등감)을 갖게 될 수도 있지 않겠니? 이런 일은 **어린이의 기를 죽이는 일이 될 걸**!

병민. "그러면 오히려 공부 잘 못하는 어린이가 분발하여 공부를 더 열심히 하지 않겠어요? 그러면 열등의식은 없어질 거예요."

네 말이 옳다. 성적이 나쁜 모든 학생들이 자기가 공부를 열심히 하지 않았다는 것을 깨닫고 열심히 공부하면 좋겠는데. 사실은 그렇지가 않은 경우가 많아.

병민. "그렇지 않은 경우라니요?"

자기가 공부를 잘 하지 않은 것은 생각지도 않고 그냥 학교나 선생님을 원망하는 그런 일이 자주 있단다. 네 말처럼 공부를 열심히 해서 자기의 열등의식을 이겨내야 하는 건데, 그러지를 못하는 어린이들과 부모들이 문제야. 너처럼 생각한다면 얼마나 좋겠니?

병민. "그럴 수도 있겠군요. 저는 나쁜 점수 받지 않도록 정말로 열심히 공부할 거예요. 두고 보세요. 지금과는 완전히 다른 성적을 올릴 거예요."

병욱. "저도 아주 열심히 공부할 거예요."

너희들 각오가 그렇다면 매우 좋은 일이고, 특히 너희들 각오를 실천한다면 더욱더 좋은 일이지.

병민. "틀림없이 그렇게 할 테니 할아버지는 조금도 걱정 마세요."

네 말이 어른스럽구나. 할아버지는 언제나와 마찬가지로 너를 굳게 믿는다.

병민. "할아버지 정말로 걱정 마세요! 제가 꼭 그렇게 할 테니까요."

그래, 헌데 병욱아, 병민아, 너희들 요즘 한국학생들의 성적에 관한 놀라운 소식 알고 있니?

우리나라 학생들의 성적에는 두 가지의 놀라운 점이 있단다.

병민. "무슨 놀라운 점이 있어요?"

얼마 전에 **OECD**(경제협력개발기구)라는 곳에서 세계의 40개국의 중학교 2학년 학습 성적을 평가했는데, 우리나라 학생들이 **읽기에서 1등**을 했다는 소식 말이야.

병민. "그랬어요? 세계에서 1등이라니 정말로 놀라운데요."

병욱. "참 기뻐요!"

그래서 내가 말하고 있는 거야. 그리고 **수학, 과학** 등의 학과목에서도 4등이었어. 미국보다 훨씬 우수했단다. 그런데 또 다른 놀라운 사실이 있단다. 그게 뭔지 알겠니?

병민. "잘 모르겠어요. 말씀해주세요!"

학과성적은 이렇게 좋았는데, 학생들의 **학습의욕(공부하고 싶은 마음)**은 꼴찌였다는 거야. 정말 놀랍지? 성적은 좋은데 학습의욕은 꼴찌라는 것은 무슨 뜻인지 알겠니?

병민. "그건 스스로 공부하고 싶은 마음은 없는데, 부모들이 억지로 공부를 시켰기 때문이겠지요. 애들을 조금도 놀지 못하게 하고 억지로 공부만 하라고 하는 어른들이 참으로 많대요."

병욱. "할아버지, 우리 부모님은 그렇지 않아요. 우리 부모님은 참 좋은 분들이시죠?"

너희들이 잘 이해했구나. 우리나라에는 이런 학부모들이 정말로 많아. 애들이 공부를 하고 싶어 하건, 하기 싫어하건 애들만 보면 **공부하라**

는 노래를 부르는 학부모들이 많은 편이지. **자기가 하고 싶은 일을 스스로 할 수 있도록 도와줘야 하는 건데 말이다.** 병욱이 말대로 너희 부모님은 참 좋은 분들이야.

　　병민. "제 부모님은 참 좋은 분들이에요, 저희들에게 공부하라고 강요하시지 않고 공부를 하고 싶어 하도록 북돋워줄 뿐이에요, 물론 저희들이 너무 공부에 관심이 없을 때엔 야단을 치시는 일은 있지만요."

　　그래, 좋아. 그런데 앞에서도 여러 번 말했지만 공부는 자기 스스로가 하고 싶어서, 그리고 스스로가 알아서 해야 하는 거야. 성적이 좋고 나쁜 것도 문제지만 **공부를 하고 싶어 하는지, 하고 싶어 하지 않는지 하는 것이 중요한 문제야.**

　　병민. "그리고 공부를 하고 싶어 하지 않는 애들에게는 공부가 하고 싶은 마음이 들도록 북돋워줘야 한다는 말씀이시지요? 공부를 못한다고 하고 싶은 마음이 없는 아이에게 과외만 시키고 만족하는 부모들은 잘못하는 거지요?"

　　그래, 네가 참 잘 알아들었다. 병민아, 너희는 **마음에서 우러나서** 공부하도록 해야 한다.

　　병욱. 병민. "할아버지, 저희는 꼭 마음에서 우러나서 공부하겠습니다."

19. 사람은 놀이를 하는 동물이란다.

사람은 놀이를 하는 동물이기도 하단다.

병민. "하지만, 할아버지, 어린이들이 공부만 하고는 실수가 없잖아요? 쉬기도 하고 놀이도 해야지요?!"

물론이지, 누가 일만 하면서 살아갈 수 있겠니? 일을 하기 위해서는 쉬기도 하고 알맞은 놀이도 해야 하는 거야. 일을 하기 위해 놀이를 하는 것, 곧 쉬는 것을 영어로 recreation(리크리에이션)이라고 하는데, 이 말의 뜻은 (재창조한다), 곧 다시 창조한다는 뜻이야.

병민. "그러니까 쉬는 것과 노는 것도 창조라는 말씀이시죠?"

그렇단다. 아무도 쉬지 않고 일만 할 수는 없는 거지. 그러니 놀이는 사람에게는 꼭 필요한 거야. 인간을 놀이를 하는 동물(호모 루덴스)이라고도 한단다. 곧 노는 것이 인간의 특징들 중 하나라는 거야. 쉬기는 하되 그냥 멍청하게 쉬고 있는 것이 아니라 놀이를 하면서 쉰다는 이야기란다.

헌데 너희는 무슨 놀이를 잘 할 줄 아니?

병민. "병욱이와 저는 할 줄 아는 놀이가 많아요. 우선 컴퓨터게임, 게임보이, 체스 등을 할 줄 알아요."

참 좋구나. 그런데 모든 일이 다 마찬가지지만 한 가지 일에만 너무 매달려 있는 것은 좋지 않은 일이야. 이제 너희가 하기 좋아하는 놀이를 하나씩 생각해보기로 하자.

컴퓨터게임은 너무 많이 하면 중독에 걸린단다.

병욱. "그래요, 처음이 컴퓨터게임이에요?"

그래, 병민이도 그렇게 하는 것이 좋겠지? 그런데 요즘은 소위 컴퓨터 중독에 걸린 사람이 많다고 야단들이지? 모든 일은 다 알맞게 해야 하는 거야. 너희는 중독에 걸리지는 않았겠지?

병욱. "컴퓨터중독이라고들 야단인데 어떤 것이 컴퓨터중독이에요?"

그것은 컴퓨터를 지나치게 많이 하는 것을 말해. 심지어는 밤에 잠도 안자고 밥도 안 먹고 컴퓨터에만 매달려 있는 거야. 심지어 컴퓨터를 하지 않으면 **마음이 불안하고 정신이 돌아버리는 그런 증세란다.**

병욱. "할아버지, 저는 그렇지도 않은데 아빠는 제가 컴퓨터 중독에 걸렸다고 야단을 치세요. 그리고 아빠는 저한테 한 달 동안이나 컴퓨터를 만지지 못하게 하셨어요! 억울해요! 정말로 억울해요! 우리 아빠 보시거든 그러지 말라고 말씀해주세요!"

그래, 우리 착한 병욱이가 컴퓨터중독에 걸릴 리가 없지. 네 아빠 보면 그러지 말라고 말해주마!

병민. "참으로 무서운 증센데요! 저랑 병욱이는 그렇지 않아요. 알맞게 하고 나면 꼭 끝내고 다른 할 일을 해요. 그런데 할아버지, 제가 잘 아는 어떤 아이는 컴퓨터중독에 걸린 것 같아요. 그는 하루 종일 컴퓨터게임만 한대요."

그래?! 그거 정말 큰일인데! 그리고 그런 아이는 당분간 컴퓨터에 다가가지 못하게 해야 할텐데. 정신과의사 선생님들도 그렇게 하라고 할 거야. 얼마 전에 신문을 보니 어떤 사람이 PC방에서 사흘간이나 침식을 전폐하고 컴퓨터게임만 하다가 죽었다는 기사가 났더라!

병욱. "그럼 컴퓨터중독이 그렇게도 무서운 거예요?"

그래! 너무 심하면 정신과 치료를 받아야 한다더구나. 그 아이가 정말로 컴퓨터 중독이라면 너도 그 아이가 컴퓨터중독에서 풀려날 수 있도록 도와주었으면 좋겠구나. 그리고 너나 병욱이도 되도록이면 컴퓨터게임을 지나치게 많이 하지 말았으면 좋겠구나.

병민. "저와 병욱이노 그렇게 생각해요. 저의 십의 컴퓨터는 **저희가 켤 수 없게 해두었어요.** 그래서 답답하긴 하지만 저희가 철이 좀 더 들 때까지는 참아야지요. 그리고 저와 병욱이는 게임을 할 수 있는 컴퓨터가 있는 할아버지 댁에 오기를 매우 좋아해요. 할아버지 댁에서는 할아버지나 할머니가 저희에게 컴퓨터를 켜게 해주시니까요."

병욱. "저도 할아버지 댁에 오는 것이 참 좋아요."

너희 집의 컴퓨터를 너희들이 못 켜게 한 것은 참 잘한 일이구나. 그리고 너희들이 내 집에 오기를 바라고 좋아하는 것은 나를 좋아해선지 알았더니 컴퓨터 때문이었구나. 그런데 내 집에서 너희들이 컴퓨터게임을 하도록 놓아두어도 되겠니?

병민. "할아버지 댁에서 하는 것은 엄마와 아빠도 허락하세요. 다만 언제나 시간을 정해주시잖아요? 그 시간만 맞추면 괜찮아요."

그렇지만 너희들은 시간이 다 되어도 끝내지 않으려고 떼를 쓰곤 하잖니.

병욱. "약간 그러기는 하지만 이제 많이 나아지지 않았어요? 이제 걱정 안 하셔도 될 거예요. 형은 시간을 잘 지키는데 제가 약간 문제지요."

큰 다행이구나. 병욱아, 병민아, 게임은 원래 리크리에이션, 곧 재창조하는 거라고 한 말 잊지 말아라! 나도 글을 쓰다가 머리가 잘 돌지 않거나 꽉 막혔을 때에는 게임을 하는 때가 자주 있단다. 게임을 한판 하고 나면 머리가 가볍고 잘 돌더라! **머리 쓰는 사람에게는 게임이 도움이 되는 것 같은데,** 다만 지나치게 많이 하는 것이 탈이야. 너희들도 공부하는 **틈틈이 게임을 해야 하는 거야. 얼맞게 하는 것은 참 좋은 것 같다!**

게임보이도 지나치게 하면 안 되는 거야, 알맞게 해야 돼!

이제 게임보이에 관한 이야기를 해보도록 하자! 너희들은 게임보이도 잘 하지?

병민. "예, 그것도 참 재미있어요, 컴퓨터보다 더 재미있는 것도 있어요, 그것은 할아버지께서 사다주셨잖아요?"

그래, 내가 외국에서 비싸게 사다준 거다. 잘 기억하고 있구나. 재미있게 가지고 논다니 기분이 좋구나. 내가 생각하기로는 너희들이 차멀미를 잘해서 차 탈 때 하라고 사다 준거였지. 그런데 그것도 지나치게 많이 히면 중독이 되는 거야. 미국에 있는 네 사촌형은 차만 타면 그걸 하더구나.

병욱. "저희들도 적당히 하려고 하지만 한 번 시작하면 잘 끝낼 수가 없어요, 너무 재미있으니까요,"

게임보이는 병민이 것도 있고 병욱이 것도 있지? 지난번에 내가 너희 집에 갔을 때 보니까 병욱이가 친구들을 데리고 와서 그것으로 놀고 있더구나. 애들이 모두 서로 한 번 더 하려고 다투기도 하더라.

병욱. "그것도 저희들이 너무 많이 해서 몰수당하고 말았어요, 이젠 그게 어디에 있는지도 몰라요, 가끔 하게 해주셨으면 좋겠는데!"

애들아! 병욱아, 병민아, 공부다, 음악이다, 운동이다, 할 일이 그렇게도 많은데 컴퓨터게임이나 게임보이만 가지고 논다면 언제 다른 일을 할 수 있겠니? 내가 게임보이를 사다 준 것은 컴퓨터게임이 없었을 때야. 그런데 지금은 컴퓨터게임이 있는데 게임보이까지 가지고 놀면 언

제 할 일을 할 수 있겠니? 다시 말해 너희가 좋아하는 책은 언제 읽을 수 있겠니?

병욱. "알겠습니다, 재창조를 하기 위해서만 하면 되잖아요?"

물론이지, 그런데 요즘 세상에는 공부할 것(읽을 책)도 너무 많은데 놀이도 너무 많아 탈이야. 모든 게 적당했으면 좋겠다. 너희들도 헷갈릴 때가 있지않니? 다시 말해 무엇을 해야 할지 모를 때가 있지?

병민. "사실은 그래요, 정말로 무엇을 해야 할지를 모르는 일이 너무 많아요."

너희들 생각대로 한다면 너희가 재미있어하는 것 한 가지에만 매달릴 수 있었으면 좋겠지? 그러면 생활이 매우 단순해질 거야. 그렇지?

병욱. "그 다음은 체스에요!"

체스와 장기, 바둑도 좋은 놀이야

병민. "그래요, 이번에는 체스이야기를 해요."

체스란 서양장기를 말하는 거지? 그거 참 재미있는 놀이라더라. 나도 못하는 체스를 너희들이 좋아하고 잘 한다니 신통하구나.

병욱. "할아버지, 저는 잘하지는 못해요."

병민. "미국학교 다닐 때 배웠어요, 미국 어린이들은 체스를 하는 사람이 많아요."

그건 서양장기지만 한국에도 장기와 바둑이 있는 것 알고 있지?

병민. "예, 알고 있어요, 바둑은 전에 제가 할아버지와 함께 살 때 동회에서 하는 바둑교실에 다녔잖아요."

그래, 너는 그때 바둑을 잘 배우겠다고 열심이었지. 미국에 가는 바람에 중단하고 말았지만. 그래서 아쉬운 일로 되고 말았어!

병민. "그런데 바둑은 정신운동이라고도 하지요? 매우 많이 생각해야 하는 놀이에요."

그래서 바둑 올림픽이란 말까지 있지 않으냐? 네가 하고 있는 놀이는 모두 정신운동의 한 가지야. 그래서 공부에 방해만 안 되게 한다면 매우 좋은 거야. 병민아! 모든 놀이는 알맞게만 한다면 정신활동에 좋은 거야.

병민. "저는 처음에는 바둑이 재미있고 배우고 싶었어요. 정신운동이 잘 되는 놀이니까 말이에요."

병욱. "할아버지, 정신도 쓰지 않으면 녹이 슨다지요?"

그래, 우리 정신은 쓰지 않고 그냥 두면 무디어진다고들 하지. 무디어지지 않게 하기 위해서는 갈고 닦아야 하는데, 정신적인 놀이, 곧 많이 생각하는 놀이는 알맞게만 하면 참 좋은 거야.

한데, 애, 병민아, 너희들이 앞에서 말하진 않았지만 너희들이 좋아하는 놀이가 또 있지?

만화영화도 잘 선택해서 보면 좋은 거야

병민. "뭘까요? 으-ㅁ, 아! 생각났어요. 만화영화 보는 것 말씀이세요?"

병욱. "만화영화는 제가 더 좋아해요!"

그래, 너희들은 만화영화를 너무 좋아한다더구나. 그래서 너희 집의

TV는 만화영화채널이 없다며? 이것도 모든 다른 놀이들과 마찬가지로 **알맞게 하면 약이 되겠지만 지나치게 하면 독이 되는 거야.**

병민. "알아요, 엄마가 처음에는 영어를 잊어버리지 않게 미국만화영화를 보도록 해주셨어요. 그런데 우리가 너무 많이 보니깐 만화영화채널을 없애버리고 다시 설치해주시지 않아요. 꼭 보고 싶으면 할아버지 댁에서 보면 되지요."

그러니 너희들은 나와 할머니가 보고 싶어서 나한테 오는 것이 아니라 컴퓨터게임하고, 만화영화보고 그러려고 나한테 오는 거로구나.

병욱. "그렇지 않아요! 할머니가 보고 싶어 오는 거예요. 왔으니까 만화를 보는 거지요."

병민. "정말로 그렇지만은 않아요. 할아버지와 할머니도 뵙고, 남는 시간에 놀이를 하잖아요? 그리고 자주 올 수가 없으니 그런 놀이를 자주 할 수도 없고요! 할아버지도 잘 알고 계시지요?"

그래, 네 마음을 내가 모를 리 있니! 네 마음은 내가 잘 알아. 내가 괜히 해본 소리야.

현대에 와서는 놀이도 훌륭한 직업으로 된단다.

병민. "그런데요, 할아버지, 놀이를 직업적으로 하는 사람들도 있잖아요?"

그래, 그런 사람들이 많단다. 예컨대 바둑을 직업으로 삼은 사람, 컴퓨터게임을 직업으로 하는 사람, 특히 운동선수에는 직업적인 선수들이 많아. 그런 사람들 중에 네가 아는 사람이 있니?

병민. "바둑에 조훈현 기사와 이창호 기사는 알고 있어요. 그리고 직업 적인 운동선수는 헤아릴 수 없이 많아요. TV의 게임프로그램을 보면 게임을 전문적으로 하는 사람들도 많아요."

잘 알고 있구나. 요즘은 세상이 완전히 바뀐 거야. 옛날에는 공부를 잘 해야 출세할 수 있었는데 요즘은 뭐든지 한 가지만 잘하면 큰 돈을 벌 수 있어 다행이야. 아니 요즘은 공부보다 바둑이나 운동을 잘하는 사람이 돈을 더 많이 번단다.

병민. "그래요? 그럼 자기의 특기에 따라 그것을 잘 갈고 닦으면 출세 를 한다는 거 예요?"

물론이지. 그래서 요즘에도 자녀들에게 공부만 하라고 강요하는 사 람들은 시대를 잘 모르는 사람이라고 할 수도 있을 거야. 무엇이든 자기 의 적성에 잘 맞는 것을 미리 발견해서 그것에 매진토록 하면 좋은 성과 를 거둘 수 있을 거야.

병욱. "그럼 할아버지는 시대에 뒤떨어진 분이예요, 저 보고 공부만 하 라고 하시니까요."

병욱이 말이 옳은 것 같은데, 나는 정말 놀 줄을 모르고 공부만 한 사람이야!

자기의 적성을 미리 아는 것은 매우 중요한 일이야

병민. "적성에 맞는 것을 발견해내기가 어려운 일이지요? 그런데 저는 저의 적성이 과학이라는 것을 이미 알고 있어요. 할아버지도 아시죠?"

그래, 알고 있다. 하지만 어릴 때의 적성은 커가면서 여러 번 바뀔 수도 있는 거야.

병민. "그래요? 하지만 저의 적성은 달리 바뀌지 않을 거예요. 그런데 자기의 적성을 모르고 있는 어린이들이 참 많아요."

너처럼 일찌감치 적성을 발견해내는 것은 **좋기도 하고 나쁘기도 한 거야.** 왜냐하면 너무 어려서부터 한쪽으로만 치우치게 될 수도 있기 때문이야. 너는 과학을 하더라도 되도록이면 폭넓게 여러 가지 공부도 하고 놀이도 하면서 해야 한다.

병욱. "저는 아직 적성이 정해지지 않았어요. 저는 무엇이든지 다 좋아요. 무엇이든지 잘 할 수 있잖아요!"

그래, 너는 아직 어리니까 여러 가지를 다 해보고 나서 네 적성에 대해 생각해보는게 좋겠지. 너무 조급하게 생각하지 마라!

병민. "할아버지, 바둑이나 운동같은 건 제 적성에 맞지 않을까요?"

왜 그런 것을 묻니? 이창호 기사처럼 바둑을 잘 둬서 큰돈을 벌겠다는 거야? 그것은 참으로 어려울 거야. 이창호 기사는 세계에서 1등인데, 세계에서 1등을 한다는 것은 정말로 **(하늘의 별 따기야)**. 한 학급에서 1등 하기도 어렵지 않더냐?

병민. "그럼 저는 바둑으로 성공하려는 꿈을 꾸지 말아야겠군요?"

아마 그러는 게 좋을 거야. 보통 사람들은 소질이 약간 있다고 해도 그냥 취미 정도로 바둑을 두는 게 좋겠지. 그리고 운동도 마찬가지야. 정말로 세계적인 선수가 되려면 여러 가지 조건늘이 맞아야 하는 거야. 남이 잘된 것 보고 자기도 그렇게 될 수 있으리라고 믿는 것은 엉뚱한 생각이야.

병욱. "정말로 소질이 있고 꼭 하고 싶으면 그렇게 해야지요?"

소질 이외에도 그것을 할 수 있을 조건이 다 갖춰져야 하는 거야. 가령 부모들이 이해하고 잘 도와준다든지, 거기에 필요한 돈을 대준다든지 해야지. 그냥 소질만 있다고 성공할 수 있는 것은 아니야.

한사람이 성공하면 너나 할 것 없이 덤비는 것은 좋지 않은 것 같아.

병민. "남이 어떤 것을 잘한다고 아무나 덤비는 것은 좋지 않은 일이지요?"

물론이지. 세계적으로 된다는 것은 공부고 놀이고 다 힘든 일이야. 그런데 사람들은 남들이 힘들었던 것은 보지도 생각하지도 않고, 어떤 사람이 뭘 잘 했다하면 마구 덤비는 일이 자주 있단다.

병민. "바둑이나 운동에서도 남이 잘해서 출세했다고 마구 덤비는 일이 자주 있지요? 그런 일은 좋지 않은 것이지요?"

병욱. "형도 덤비면 될 것 아냐?"

병욱아 잘 들어봐. 남이 잘한다고 마구 덤비는 일이 자주 있어. 몇 년 전에 한국의 한 여자 골프 선수가 미국 골프 대회에서 1등을 하자 한국에서 골프를 시작한 사람의 수가 몇 십 배로 늘어났고, 이창호 기사가 세계에서 1등을 하자 바둑을 배우려는 사람들의 수도 마구 늘어났었지. 병민이 너도 바둑을 배운 적이 있잖니?

병민. "저는 달라요, 저는 남이 한다고 따라한 것이 아니에요, 제가 생각하기를 좋아한다고 할머니가 바둑교실에 보냈던 거예요, 할아버지도 잘 아시잖아요."

그래, 네가 무조건 남을 따라 했다는 것은 아니야. 세상에는 그런 사람들이 많다는 거지. 너도 네 하고 싶은 대로만 하지 말고 남들 따라 해주는 것도 있었으면 좋겠다.

일요병이라는 것이 있단다.

병민. "노는 것도 지루한 때가 있어요, 하루 종일 바둑만 두거나, 게임만 한다고 생각해보세요, 중독이 된 사람 아니면 지루한 거예요, 그리고 놀다가 치쳐버리는 사람들도 있을 거예요."

네가 참 재미있는 말을 했구나. 세상에는 놀다가 지쳐버린 사람들이 너무나 많단다. 자기의 취미라는 바둑이나 게임을 하다가 지치는 사람들이 있는가 하면, 공휴일에 너무 놀아서 그 다음 날 일을 못하게 되는 사람들도 있단다.

병욱. "그런 사람들도 있어요? 저는 아무리 놀아도 지치지 않을 것 같은데!"

있단다. 놀다가 지친 사람들을 소위 (일요병환자)라고 하는 거야.

병민. "그런 말 방송에서 들은 일 있어요, 그 병은 누가 고쳐주나요? 그리고 토요일 휴무제가 되고 나서 일요병환자가 늘어났냐고도 하던네요!"

그 병은 아마 자기 자신밖에 못 고칠 거야. 공부도 놀이노 알맞게 하면 아무 탈이 나지 않지만 무엇이든지 지나치면 병이 생기는 거지. 알맞게 하는 것을 한문으로 말하면 중용(中庸)이라고 한단다. 너희도 앞으로는 모든 것을 중용에 맞춰해야 한단다.

병민. "중용을 좀 더 설명해 주세요. 저희가 중용을 실행할 수 있게 말이에요."

그러자구나, 중용이란 **(어떤 것이 모자라지도 않고 넘치지도 않는 것)**, 곧 **알맞은 것**이란 뜻이야. 예컨대 공부만 해서도 안 되고, 놀이만 해서도 안 되고, 잠만 자서도 안 되고, 잠잘 때는 잠을 자고, 공부할 때는 공부를 하고, 놀이할 때는 놀이를 하고, 곧 이 모든 것을 알맞게 해야 한다는 거야.

병민. "예, 저는 잘 생각해서 그렇게 할 거에요. 중용을 실천하겠어요."

20. 생각한 것은 실천을 해야 하는 거야!

병민아, 병욱아! 우리가 참 오랫동안 말나누기를 해왔구나. 이제 이 말나누기를 끝낼 때가 된 것 같은데! 너희들이 더 물어보고 싶은 게 또 있느냐?

병민, 병욱: "아니에요, 하기야 물을 것들은 끝이 없겠지요, 하지만 할아버지도 너무 지루하실 것 같고 저희들도 이젠 좀 지쳤어요."

그래, 너희들도 지칠 만하지! 그럼 다른 물음들에 관해서는 나음에 또 말하기로 하고 이번 말나누기는 끝을 맺기로 할까! 그럼 이 말나누기를 끝맺기 전에 꼭 물어볼 게 있으면 몇 가지 더 물어보고 끝내기로 하자.

병민: "그렇게 해요, 우선 제가 먼저 여쭤볼게요, 할아버지께선 저희들에게 생각을 많이 하라고 하셨는데, 생각만 하면 되는 건가요?"

병민이가 참 좋은 질문했다. 우리가 생각을 하는 것은 우선은 그냥 생각을 하기 위해서 하는 것도 있지. 또 할아버지가 전공하는 학문인 철학은 생각을 하기 위해 생각하는 학문이기도 하단다.

병욱: "할아버지, 그럼 철학은 생각만 하는 학문인가요?"

그래! 병욱이도 좋은 질문했는데! 철학은 원래 생각만 하는 학문이었단다. 그러다보니 사람들이 철학은 실제적인 생활에는 아무짝에도 쓸모없는 학문이라는 비난을 해왔단다. 그러나 오늘날에 와서는 철학도 실제적인 생활과 관계있는 문제들도 많이 다루고 있단다.

병민: "그래야지요! 그래야 생각하는 보람이 있지 않겠어요? 생각이란 보다 좋은 삶을 위해서 하는 거 아니겠어요?"

철학을 전공하지 않는 사람들은 대개 그렇게 생각하고 있어. 그렇게 생각하는 게 옳은 일이야! 병민이 네가 말한 것처럼 생각은 했는데 삶에 아무런 소용이 없다면 헛일이 아니겠니? 그래서 요즘에 와서는 철학도 하루하루의 생활에 필요한 것들에 관해 생각을 많이 하고 있단다.

병욱: "할아버지, 저는 잘 알아듣지 못했어요, 좀 더 쉽게 설명해주세요!"

그러자구나. 너희 또래는 우선 학교생활을 하고 있지? 그러니 학교생활에 관한 것을 한 가지 생각해보기로 하자. 곧 수업시간에 어떻게 해야 할 것인가? 선생님의 말씀을 정신을 집중해서 들어야 하는 거야! 라고 생각했다면, 그렇게 생각한 것만으로 그치지 않고, 실제로 그렇게 실천하는 거야. 곧 정신을 집중해서 선생님의 말씀을 듣는 거지.

병욱: "할아버지, 저는 실제로 수업시간에는 온갖 정신을 다 집중해서 들어요."

당연한 일이야, 다 그렇게 해야만 하는 거야. 그렇게 하지 않는 학생은 좋은 학생이 아니야.

병민: "또 집에 돌아오면 숙제를 하고 예습-복습을 하고나서 놀아야 한다고 생각했으면 그렇게 해야 하잖아요?"

그래, 생각한 것은 꼭 실천해야 하는 거야. 좋은 생각은 하고서도 실천, 곧 행동으로 옮기지 않으면, 앞에서 철학이 받은 비판과 똑 같은 비판을 받게 된단다. 다시 말해 실제생활에는 아무짝에도 쓸모없는 빈 이론, 곧 공리공론(空理空論)이 되고 마는 거지.

병욱: "할아버지, 또 어려운 말씀하셨어요, 공리공론이 무슨 뜻이에요?"

그래, 어려운 말이구나. 너는 한자를 많이 알고 있어 알아들을 줄 알았는데 어려우냐? 글자그대로 설명하자면 **(속이 빈 이론과 속이 빈 논의)**라는 뜻이야. 더 쉽게 말해서 헛소리라는 뜻이야.

병민: "여기서는 생각에 관해서 말하고 있으니까, **헛생각**이라고 하는 것이 더 좋겠어요. 그리고 또 다른 예는 얼마든지 있잖아요? 가령 친구를 괴롭혀서는 안 된다고 생각했으면, 실제로도 친구를 괴롭히지 말아야지요!"

병민이가 참 좋은 보기를 들었구나. 너희 초등학생들은 철이 없어, 그렇게 하면 안 된다고 생각하면서두 자기두 모르는 사이에 친구를 괴롭히는 일이 가끔 있을 수 있지. 결국 그 생각은 헛생각이 되고 만 거지!

애들아! 이런 예는 헤아릴 수 없이 많아. 그때그때 잘 생각해서, 좋은 생각이면 곧바로 행동으로 옮기도록 해라.

마지막으로 내가 너희들에게 당부하고 싶은 말은, 생각하는 어린이가 똑똑한 어린이라는 건 틀림없는 말이지만, 그렇다고 생각이 생각으로만 그쳐서는 안 되고 행동으로 옮겨져야 한다는 거야. 이 말을 강조하기 위해 내가 생각해낸 사자성어를 하나 말해주면서 이 말 나누기를 끝맺도록 하자구나! **백사불여이행(百思不如一行)**, 이 말은 **백번 생각하는 것이 한 번의 행동 곧 실천과 같지 못하다**는 뜻이야! 생각을 했으면 실천을 해야 한다는 뜻이야!

200 잘 생각하는 어린이가 될 거예요!